「皇室典範改正問題と神道人の課題」刊行によせて

本書は平成十七年七月から九月にかけて「神社新報」紙上に掲載した同題の連載をこのたび冊子化したものである。本連載の掲載意図は第一回の冒頭を御覧いただいてもわかるやうに、当時の小泉純一郎首相の私的諮問機関として設置された「皇室典範に関する有識者会議」において、皇位継承制度と関連する制度についての検討が始められたことによるものである。この有識者会議は平成十六年十二月二十七日に発足してゐるが、神社本庁では翌年三月、安易な皇室典範の改正が懸念されるなか、慎重な論議を求める「皇室典範改正に関する神社本庁の基本的な姿勢について」を決定。同有識者会議が十一月に「皇位の安定的な継承を維持するためには、女性天皇・女系天皇への途を開くことが不可欠であり、広範な国民の賛同を得られるとの認識で一致するに至った」とする報告書を纏めるや、「まづは男系継承の伝統保持に最大限の努力を払ふべき」「戦後廃止されたままの皇室関係諸法令整備等の抜本的な検討をすべき」ことなどを指摘した「皇室典範改正問題に関する神社本庁の基本見解」を発表してゐる。

この問題に先立ち神社本庁では平成十三年から皇位継承問題並びに皇室関係法令に関する調査研究を進め、十六年からは神社本庁教学委員・國學院大學教授の阪本是丸氏の指導のもと杉谷正雄（現・神宮司庁広報室長）、嶋津宣史（現・廣田神社禰宜）、松本丘（現・皇學館大学教授）、藤本頼生（現・國學院大學准教授）、藤田大誠（現・國學院大學教授）の各氏ら若手職員等を中心に「皇室法に関する研究会」を開催、『皇室法に関する研究資料』を刊行した。本連載は当時、神社新報編輯部に在籍してゐた藤田氏が担当し、この研究会の成果を基に纏めたものである。

時は流れ、平成二十八年八月に「象徴としてのお務めについての天皇陛下のおことば」を承る。このの《ママ》ち政府における有識者会議、国会における審議、皇室会議などを経て「天皇の退位等に関する皇室典範特例法」が施行され、令和の御代を迎へたことは御承知の通りである。

一方、特例法の成立にあたっては、「一　政府は、安定的な皇位継承を確保するための諸課題、女性宮家の創設等について、皇族方の御年齢からしても先延ばしすることはできない重要な課題であることに鑑み、本法施行後速やかに、皇族方の御事情等を踏まえ、全体として整合性が取れるよう検討を行い、その結果を、速やかに国会に報告すること」「二　一の報告を受けた場合においては、国会は、安定的な皇位継承を確保するための方策について、『立法府の総意』が取りまとめられるよう検討を行うものとすること」などの附帯決議がおこなはれてゐる。政府は早ければこの秋にも議論を始めるとの報道なども耳にするところであるが、この議論に先立ち、まづは「皇室典範に関する有識者会議」をめぐる当時の状況を再確認しておくべきとの思ひが本書刊行の意図である。

なほ本連載が掲載された平成十七年から十有余年を経てをり、記述内容の一部には現在の状況に沿ってゐないところもあるが、当時性を示すものでもあり、連載当時のままとしてゐるので注意願ひたい。

本書がこれからの論議について考へる資となれば幸ひである。

令和元年十月七日

神社新報編輯部

皇室典範改正問題と神道人の課題　目次

皇室典範改正問題と神道人の課題

皇位継承問題を考へるにあたって

平成十七年七月十一日付

昨年末、小泉首相の私的諮問機関として「皇室典範に関する有識者会議」が設置された。皇位継承制度と関連する制度について検討をおこなふために設置された有識者会議の主要課題は、いふまでもなく「皇位の安定的継承」の検討にある。凡そこの会議では、女性天皇に絞って議論をするといふ立場はとらない方針といふが（第一回会合後の吉川弘之座長レクチャー）、将来の皇位継承が不安視される中で、しかも突如としてこのやうな会議が設置されたことを勘案すれば、そこに特定の意図が働いてゐようことは想像に難くない。

有識者による会合は、今年一月から毎月一、二回のペースで、すでに八回開催されてゐる。第四回までは、現在の皇室の構成をはじめ、天皇・皇后両陛下の御活動から現皇室典範と旧皇室典範の制定当時の考へ方、皇位継承の時代的変遷や歴代の女性天皇の皇位継承を巡る歴史・経緯など、今後の議論に必要と思はれる基礎知識を委員間で共有する作業に費やされた。そして第五回会合で検討にあたっての問題点・考慮点が整理され、第六・七回の会合では、識者八人を招いてのヒアリングがおこなはれた（本紙第二七九一号、第二七九三号で既報）。

有識者会議では今後、これら識者の意見や考へ方を把握した上で、さらなる議論の可能性を深めていくといふ。

かうした政府の動きに対して、神社本庁は「皇室典範改正に関する神社本庁の基本的姿勢につ

いて」を明らかにするとともに、三月十八日付で全国神社関係者に通知した。その内容の概略を記せば、

一、現行皇室典範は、戦後の占領政策によって憲法とともに改められたもので、現行法は改正されて然るべきもの。

一、しかしながら、今回の政府の取り組み方は、我が国の歴史や明治の皇室典範の制定過程を軽視してゐると言はざるを得ない。

一、皇室典範は国家の根幹に関はる重要法であり、その改正にあたっては皇位継承制度のみならず、全体に亙る見直しの議論が適正な手続きのもとなされるべき。

といふ大原則を示した上で、①皇室典範の重要性と改正手続き、②皇位継承問題、③皇族の男女平等論、④諸外国の王室制度——の四点についての認識を述べてゐる。

まづ、皇室典範改正の議論が首相の私的諮問機関に委ねられてゐることに対しては、皇室典範の性格上、「皇室典範の重要性を十分にわきまへ、改正の際には手続き上の問題も含めて検討を重ねるべき」と、慎重な検討を求めるとともに、世論調査などで肯定的意見の多い女性天皇については、「明治の皇室典範が『皇家の成法』として男系男子継承を規定した歴史的な意義と重みを明確にした上で、将来に亙って安定的に皇統を護持するための具体的な議論がなされるべき」として、その性急な導入（皇室典範の改正）に警鐘を鳴らす。

また、女性天皇容認論を後押しするやうな男女平等論や諸外国の王室制度との比較についても、「男女平等を論拠として女性天皇を論ずる向きがあるが、憲法は皇位は世襲のものとしてをり、天

皇をはじめ皇族は一般国民とは異なる特別の存在。まして、現行皇室典範も女性の立場や能力を軽視したものでないことは明らか」「諸外国の王位継承は国によって様々で、我が国でも皇室の伝統のもと皇位継承の在り方を含む皇室制度が確立されてをり、海外の例を安易に取り入れることは国柄の変更をもたらす恐れがあることを十分に認識すべき」だと、かかる安易な女性天皇容認論には与すべきでないとする立場を鮮明にした。

ところで有識者会議の第五回会合では、皇位の安定的継承の方途を検討するにあたって考慮すべき点が整理されたが、それは、以後二回にわたる識者ヒアリングに委員がどのやうな問題意識で臨むかといふ、いはば意志統一の側面を有してゐたことは否定できない。別の見方をすれば、有識者会議の今後の議論の方向性が絞り込まれたことを意味してゐよう。

さて会合では、第一の考慮点として「憲法上の要請」（①象徴の地位、②世襲、③国民の支持）を挙げ、第二に歴史（歴史・伝統との関係をどのやうに考えるか）と安定性（皇位継承資格者の安定的確保）が考慮点として挙げられたが、吉川座長の「伝統・先例（明治維新以前）と旧皇室典範、現皇室典範の三つに分けて比較した場合に、大きな流れとして、非嫡出子や女性も認めてゐた↓女性はだめと決めた↓非嫡出子もだめと決めた、と男系男子を維持する条件を狭めてきた歴史がある。現在、我々が新しい制度を検討し作らないといけないのも、狭めた結果、危機に直面してゐるからのこと」といふ趣旨の発言からは、その焦点が「世襲」に内包される「皇位継承の歴史」に据ゑられてゐることは明白である。

現に我が国の皇位は、これまで男系の皇族によって継承されてきた。ゆゑに明治の皇室典範では「祖宗ノ皇統ニシテ男系ノ男子」による継承が明文で規定されるところとなった。戦後の皇室典範も一部を除き、明治の皇室典範の方針が基本的に踏襲されて「皇統に属する男系の男子」が皇位を継承すると規定されてゐる。秋篠宮殿下以降、男性皇族が御誕生されてゐないといふ事態に直面して、皇位の安定的継承の方途がさまざまに主張される主要因は、その「伝統の重さ」の解釈の内容に帰一してゐよう。

とりわけ世上、喧しい女性天皇（女系天皇を含む）を巡る主張は、「男系男子優先」（男系主義）と「女系天皇容認」（双系主義）に二分してゐる現状がある。また同じ「男系主義」の主張であっても、「二千年に亙って維持されてきた男系による継承の伝統を我々の世代に至って遂に枉げることは、二千年の国史に対する背信になる」（小堀桂一郎氏）といふものから、「天皇制のそもそもの正当性根拠であるところの『万世一系』イデオロギーを内において浸蝕する因子を含んでいる。男系・男子により皇胤が乱れなく連綿と続いて来たそのことに、蔽うべからざる亀裂が入ることになる」（奥平康弘氏）といふものまで存在し、ある意味では左右のイデオロギーの枠組みを超える広がりをも見せてゐる。

明治の皇室典範は、その制定時に伝統的・歴史的観念に立った皇位継承の在り方が具さに検討され、その制定に当たって慎重な作業がおこなはれた。しかし、占領下に制定された現行皇室典範は、そのやうな作業を経て制定された経緯はない。仮に今、将来に皇位継承の危機が生じるとの国民的な合意が形成されてゐるとするならば、皇位継承に関する皇室典範改正の是非を問ふ前に、まづもって必要な「冷静な目」を養ふため、過去の皇位継承に関する歴史的事実を正確に抑へることが先決とならう。

本紙では、以後数回に亙り、皇室典範改正の議論の前提となる基礎的問題に関して、さまざまな観点から解説することとしたい。

「皇室典範に関する有識者会議」の経緯と事務局が準備した配布資料の一覧

平成十六年

十二月二十七日　「皇室典範に関する有識者会議」設置

有識者会議メンバー＝岩男寿美子（武蔵工業大学教授・慶応義塾大学名誉教授）、緒方貞子（国際協力機構理事長）、奥田碩（日本経済団体連合会会長）、久保正彰（東京大学名誉教授）、佐々木毅（前東京大学総長）、笹山晴生（東京大学名誉教授）、佐藤幸治（近畿大学法科大学院長・京都大学名誉教授）、園部逸夫（元最高裁判所判事・座長代理）、古川貞二郎（前内閣官房副長官）、吉川弘之（産業技術総合研究所理事長・元東京大学総長・座長）

平成十七年

一月二十五日　第一回会合

資料1　現行皇位継承制度の仕組み、資料2　天皇の国事行為について【参考資料】1　皇室の構成（平成十七年一月二十五日現在）、2　日本国憲法（抜粋）、3-1　皇室典範（昭和二十二年法律第三号）の概要、3-2　皇室典範（昭和二十二年法律第三号）

二月十八日　第二回会合

資料1　天皇皇后両陛下・皇族殿下のご活動、資料2　現行の皇室典範制定時の考え方、資料2-1　関連する帝国議会質疑等、資料3　旧皇室典範制定時の考え方、資料3-1　「資料3」別紙1　大日本帝国憲法（抄）、別紙2　（旧）皇室典範、同増補（明治四十年）、別紙3　皇位継承資格を男系男子に限るとした理由、別紙4　女性の皇位継承を可能としてはどうかとする当時の議論、別紙5　皇室典範制定経過における皇位継承資格の変遷、別紙6　皇族の範囲関係

三月三十日　第三回会合

資料1　皇位継承の時代的変遷（参考・天皇系図）、資料2　皇位継承の考え方が記録されている例、資料3　歴代の女性天皇について

四月二十五日　第四回会合

資料1　皇族制度、資料2　皇室経済制度、資料3　諸外国における王位継承制度の例

五月十一日　第五回会合

資料1　皇位継承制度の変遷（概要）等、資料2　皇位継承ルールの典型例、資料3　日本国憲法第一条・第二条に関連する政府の説明

五月三十一日　第六回会合　「識者からのヒアリング」

①大原康男國學院大學教授、②高橋紘静岡福祉大学教授、
③八木秀次高崎経済大学助教授、④横田耕一流通経済大学教授

六月八日　第七回会合　「識者からのヒアリング」

①鈴木正幸神戸大学副学長、②高森明勅拓殖大学客員教授、
③所功京都産業大学教授、④山折哲雄国際日本文化研究センター名誉教授

六月三十日　第八回会合

資料1　ヒアリングにおいて表明された皇位継承資格及び皇位継承順位についての意見の整理　第六回議事録・第七回議事録、資料2　昭和二十二年十月の皇籍離脱について、資料3　皇位の継承に係わる儀式等（大嘗祭を中心に）について、資料4　「姓」について

＊配布資料は首相官邸の「皇室典範に関する有識者会議」ＨＰ http://www.kantei.go.jp/jp/singi/kousitu/で閲覧できる。

新旧皇室典範の性格とその問題点

平成十七年七月十八日付

「皇室典範改正に関する神社本庁の基本的な姿勢について」では、「現行の皇室典範は、戦後の占領政策によつて憲法とともに改められたものであり、現行法は改正されてしかるべき」であり、「その改正にあたつては、皇位継承制度のみならず、全体に亘る見直しの議論が適正な手続きのもとなされるべき」との見解を示してゐる。

さらに、「戦前と戦後の皇室典範では、その法的位置づけに大きな違ひがある。戦前の皇室典範は憲法と並ぶ国家の根本をなす重要法であり、殊に典範を改正する際には、皇族会議と枢密院に諮られ、議会が関与できないものとされてゐた。現行の典範は国会の議決によつて改正できる一法律となつてゐるが、その性格上、改正には特別な慎重さが要求される」と指摘してゐる。

この点は、五月三十一日の「皇室典範に関する有識者会議」ヒアリングでも大原康男國學院大學教授が言及してゐるところだが、今回は新旧皇室典範の性格とその問題点について取り上げてみたい。

旧典範の性格の変遷

明治二十二年二月十一日、明治天皇は宮中三殿に渡御せられて紀元節御親祭をおこなはせられ、皇室典範及び大日本帝国憲法制定の御告文を奏したまひ、「皇朕レ　仰テ　皇祖　皇宗及　皇考ノ神祐ヲ禱リ併セテ朕カ現在及将来ニ臣民ニ率先シ此ノ憲章ヲ履行シテ愆ラサラムコトヲ誓フ」と奉告された。これは、慶応四年三月十四日に、明治天皇が諸侯群臣を率ゐて天神地祇に維新新政の国是（「五箇条の御誓文」）を御誓ひになった形式（御誓祭）の原則を踏襲されたものであった。また同日、伊勢の神宮、神武天皇山陵、孝明天皇山陵、靖國神社に勅使を差遣し奉幣せしめたまひ、そして、全国の官国幣社にも各地方官を勅使として奉幣せしめられてゐる（『明治天皇紀』）。

ただ、旧皇室典範（明治皇室典範）は、帝国憲法とは異なり、国務大臣の副署もなく、国民には正式に公布しなかった。その理由として、旧典範の半官的注釈書の伊藤博文著『皇室典範義解』では、「皇室典範は皇室自ら其の家法を条定する者なり。故に之を臣民に公布する者に非ず。而して将来已むを得ざるの必要に由り其の条章を更定することあるも、亦帝国議会の協賛を経るを要せざるなり」と説明された。

しかし、典範の条文には、国政上に重大な影響を有する皇位継承・摂政等の事項、皇族に対する訴訟等、一般国民にも関係するものが含まれてをり、諸学者からはその未公布についての疑義が相次いで提出された。明治三十四年には、典範を「家法」として欧州の如く国家（政務）と宮中（宮務）を区別するやり方は、古代律令制以来、国家と宮中との区別が明確でなかった我が国では採用すべきでないとの意見が出された（有賀長雄「国家ト宮中トノ関係」）。

三十六年には、宮中に設置されてゐた帝室制度調査局の副総裁・伊東巳代治が「皇室ノ事ヲ以テ天皇ノ私事」とすることや皇室典範「家法」説は我が国の歴史と相容れないとして「皇室ハ国家ノ要素タルヘキ固有ノ関係ヲ明徴」にすべきだと皇室典範の法的性格の根本的変更を図った（「調査着手ノ方針」）。実際には四十年制定の勅令「公式令」に基づき、「皇室典範増補」やこれ以後制定の皇室令が正式に公布され、典範は「帝国の国法」としてもその有効性を確認することとなったものの、副署は、まづ宮内大臣、その次に内閣総理大臣、以下国務大臣といふ形式であり、憲法をはじめ、一般の国政国務の法令との区別を明確に残した。

帝国憲法と旧典範との関係については、戦前より、A帝国憲法を上位法とする説（美濃部達吉・一木喜徳郎）、B両者に優劣関係はないとする説（清水澄・金森徳次郎）、C両者を実質的に区別すべきではないとする説（上杉慎吉・穂積八束）などがあった（川田敬一『近代日本の形成と皇室財産』）。しかし、昭和九年当時の宮内省当局の公認的な見解としては、「国家の大法」のうち、帝国憲法を頂点とする国務法（国家法）と皇室典範を頂点とする宮務法（皇室法）といふ同等の効力を持つ二系統の根本法だとの理解があった（酒巻芳男『皇室制度講話』）。

新旧典範の相違点

旧典範は、①皇位継承　②践祚即位　③成年立后立太子　④敬称　⑤摂政　⑥太傅　⑦皇族　⑧世伝御料　⑨皇室経費　⑩皇族訴訟懲戒　⑪皇族会議　⑫補則の十二章六十二条で構成されてゐた（その他、明治四十年と大正七年の増補）。

一方、昭和二十二年一月十六日に法律第三号として公布（日本国憲法と同時に五月三日施行）された現行典範は、①皇位継承　②皇族　③摂政　④成年、敬称、即位の礼、皇統譜及び陵墓

⑤皇室会議の五章三十七条で構成。旧典範を踏襲した部分も多いが、庶系の皇位継承を否認し、皇位継承に伴ふ神器の継承・大嘗祭・元号制定の規定が無く、皇族身分の離脱が緩和されたほか、天皇の皇族に対する監督権も記されず、成年以上の皇族男子で組織され内大臣らが参列する旧典範の「皇族会議」に替へ、皇族は二人のみ入り三権の長らを中心に構成される「皇室会議」が規定された（皇室経済・財産に関する事項は皇室経済法に規定）。

憲法と対等の効力を有した旧典範の改正・増補は、「皇族会議及枢密顧問」への諮詢のみ必要（第六十二条）で議会の議を経る必要は無かったが、現行典範は旧典範とは無関係に議会により「国会の過半数の議決によって改正され得る」新規の法律として制定され（旧典範、皇室令は二十二年五月二日廃止）、新旧典範間の法的連続性は無い。つまり日本国憲法の下位に立つものであり、旧典範とは決定的に異なる。

現憲法下になると、戦前の皇室令に当たるものは皇室経済法、（新）皇統譜令など極く少数に限られ、その不備は明らかであった。そこで当時の「宮内府」は、応急措置として文書課長名で各部局長に対し、皇室令廃止翌日の五月三日付で「皇室令及び附属法令廃止に伴ひ事務取扱に関する通牒」を発した。その第三項で「従前の規定が廃止となり、新しい規定が出来てゐないものは、従前の例に準じて、事務を処理すること（例、皇室諸制典の附式、皇族の班位等）」として、旧皇室令規定の多くは「準拠」といふ形で引き継がれ、その内容が「一種のコモン・ロー（慣習法）的なもの」（大原康男編著『詳録・皇室をめぐる国会論議』）として今なほ生きてゐる所以が知られる。

新旧憲法並びに新旧皇室典範の皇位継承関連条文比較（抄）

大日本帝国憲法	**日本国憲法**
第一条　大日本帝国ハ万世一系ノ天皇之ヲ統治ス 第二条　皇位ハ皇室典範ノ定ムル所ニ依リ皇男子孫之ヲ継承ス	第一条　天皇は、日本国の象徴であり日本国民統合の象徴であつて、この地位は、主権の存する日本国民の総意に基く。 第二条　皇位は、世襲のものであつて、国会の議決した皇室典範の定めるところにより、これを継承する。
明治皇室典範	**現行皇室典範**
第一条　大日本国皇位ハ祖宗ノ皇統ニシテ男系ノ男子之ヲ継承ス 第二条　皇位ハ皇長子ニ傳フ 第三条　皇長子在ラサルトキハ皇長孫ニ傳フ皇長子及其ノ子孫皆在ラサルトキハ皇次子及其ノ子孫ニ傳フ以下皆之ニ例ス 第四条　皇子孫ノ皇位ヲ継承スルハ嫡出ヲ先ニス皇庶子孫ノ皇位ヲ継承スルハ皇嫡子孫皆在ラサルトキニ限ル 第五条　皇子孫皆在ラサルトキハ皇兄弟及其子孫ニ傳フ 第六条　皇兄弟及其ノ子孫皆在ラサルトキハ皇伯叔父及其ノ子孫ニ傳フ 第七条　皇伯叔父及其ノ子孫皆在ラサルトキハ其ノ以上ニ於テ最近親ノ皇族ニ傳フ 第八条　皇兄弟以上ハ同等内ニ於テ嫡ヲ先ニシ庶ヲ後ニシ長ヲ先ニシ幼ヲ後ニス 第九条　皇嗣精神若ハ身体ノ不治ノ重患アリ又ハ重大ノ事故アルトキハ皇族會議及枢密顧問ニ諮詢シ前數条ニ依リ継承ノ順序ヲ換フルコトヲ得 第十条　天皇崩スルトキハ皇嗣即チ踐祚シ祖宗ノ神器ヲ承ク	第一条　皇位は、皇統に属する男系の男子が、これを継承する。 第二条　皇位は、左の順序により、皇族に、これを伝える。 一　皇長子 二　皇長孫 三　その他の皇長子の子孫 四　皇次子及びその子孫 五　その他の皇子孫 六　皇兄弟及びその子孫 七　皇伯叔父及びその子孫 　前項各号の皇族がないときは、皇位は、それ以上で、最近親の系統の皇族に、これを伝える。 　前二項の場合においては、長系を先にし、同等内では、長を先にする。 第三条　皇嗣に、精神若しくは身体の不治の重患があり、又は重大な事故があるときは、皇室会議の議により、前条に定める順序に従つて、皇位継承の順序を変えることができる。 第四条　天皇が崩じたときは、皇嗣が直ちに即位する。

皇室典範における「女帝」否認の経緯

平成十七年七月二十五日付

新旧の皇室典範はともに、皇位継承資格の大原則を示した第一章第一条に関する「女帝（女性天皇）」認否の問題が最大の争点であった。両者の条文は、いづれも皇位継承資格は「皇統」に属する「男系」の「男子」にあることを規定してゐる。即ち、このことは戦前戦後を通じて「女帝」の存在を想定してゐないことに他ならないが、我が国には古来より「男系」の範囲内ではありながら十代八方の女帝が即位されてゐたにも拘らず、このやうな「男系男子」継承に限定された規定になってゐるのは、明治皇室典範の制定過程において「男系男子」継承の規定として一旦明確に決着がつけられ、その原則が変はらないまま現在にまで至ってゐるからである。

「皇室典範に関する有識者会議」では、第二回会合で事務局側が「旧皇室典範制定時の考え方」といふ資料を配布してゐるが、それは必要最小限の資料を提示するに留まってをり、旧典範に結実する条文に至るまでの経緯やその背景、立法姿勢などに殆ど言及してゐない。果たしてこれらの資料だけで論議の材料になり得るのか、甚だ疑問といはざるを得ない。しかし、有識者会議の委員はこのやうな最小限の資料を検討しただけで拙速にも「旧皇室典範制定時の議論の中には、やや強引な面もあるという感じがする」といふコメントを出してゐるのである。

女帝否認までの概略

まづ、明治初年の段階では、十二年八月三十一日に明治天皇の皇子として明宮《はるのみや》嘉仁親王（後の大正天皇）が御誕生になるまで、皇族男子は遠系の世襲親王家である「四親王家」にしか存在してゐなかったといふ前提があり、皇族女子の皇位継承についても現実問題として充分考慮の範囲内にあったといふ時代背景を考慮しなければならない。そして実際に当時の立法機関・元老院の国憲按（憲法草案）では、未だに皇位継承条文が別立せず含まれてゐたが、その明治九年の草案においては女帝容認（実際は女帝と皇婿《こうせい》との間に生まれた皇嗣《こうし》が皇位を継ぐ「女系継承」まで想定）、明治十一年の草案では一転してそれが記されず女帝否認、しかし明治十三年の草案では、再度転換して已《や》むを得ざる場合には女統（女系）による継承を認める規定となった。

本格的な皇室法制定の段階に至っても、「宮内省立案第一稿皇室制規」（明治十九年頃）には、男系が尽きた場合には女系を以て継承すべきと規定されてゐた。これを改めた「宮内省立案第二稿帝室典則」（明治十九年）では、井上毅《こはし》「謹具意見」の「女帝廃止論」を容《い》れて「女系」継承は明確に否定され、以後は女帝を容認した草案は現れず、明治皇室典範の第一条の「男系男子」継承主義にまで至ったのである。

「謹具意見」の背景

これまでの諸研究は、「女帝」否認に至った画期として、明治十九年、帝国憲法や皇室典範の実質的起草者の一人であった「法制官僚」の井上毅が伊藤博文宮内大臣に提出した「謹具意見」といふ文書で唱へた「女帝廃止論」があり、それが決定的な影響を及ぼしたことを指摘してゐる。

井上毅「謹具意見」は、民権派結社の嚶鳴社《おうめいしゃ》の討議である「女帝を立《たつ》る可否」から女帝否定論者である島田三郎、沼間《ぬま》守一の意見を抄出して自身の見解を代弁させてゐる。論点は大きく分けて二つで、第一に我が国古来の女帝は、欧州各国と異なり、男子たる皇嗣が成長するまでの間に臨時に即位する「摂位」であったと主張し、第二に当時の「男尊女卑」の一般的風潮から女帝の配偶者（皇婿）の政治干渉といふ皇帝の尊厳を害する恐れがあることを問題にしてゐた。これを受けた井上は、引用文中、主に「皇婿」の問題の部分に多く傍点を付してをり、その部分にこそ最も関心が高かったことが窺へるが、さらに女系継承は「易姓《えきせい》」になり我が国では採用出来ないとの認識を示した上で、皇胤を繁栄ならしむる方法は他に種々あるので憂慮は要《い》らないとする。その方法として井上は、皇統に属する者全てを皇族とする「永世皇族主義」と庶子による皇位継承を考へてゐた。また、後に井上は「女帝摂位論」を用ゐて、摂政《せっしょう》就任の有資格者に皇族女子を含めることにより、史実にある女帝の性質を「摂政」に近いものと位置づけてもゐる。

また、井上毅は自身の「女帝廃止論」を理論付けるために、サリック法（サリカ法）の国（フランス・スウェーデン・ベルギー・プロイセン等）では婦人が王位に即くことを許さない点に着目し、西欧法、少なくとも当時の「男系男子継承国」に通じる「普遍性」を充分考慮に入れてゐた一方で、同時に「皇室継統ノ事ハ祖宗ノ大憲在ルアリ決シテ欧羅巴《ヨーロッパ》ニ摸擬スヘキニ非ス」と記してゐるやうに、別の立法論拠を我が国不文の伝統法たる古典に置いてゐた（小林宏「井上毅の女帝廃止論」）。それは、後の皇室典範の条文説明（『皇室典範義解』の原型）作成過程に見られるやうに、民権派の島田らの説に加へ、皇位継承に関する総合的な研究書・史料集である元老院蔵版『旧典類纂　皇位継承篇』（明治十一年十月刊行・福羽美静《ふくばよししづ》検閲、横山由清《よこやまよしきよ》・黒川真頼《くろかはまより》編纂）や、小中村清矩《こなかむらきよのり》「女帝考」等の当時の国学者による我が国古制の考証をも充分に参照しながら慎重に立法の理由付けをしてゐたのである。

我が国古制の探究

従来「謹具意見」以前の明治十三年元老院国憲按や同様の規定を持つ「皇室制規」は、安易に「女系」を容認したとして評価が低く、その背景にある考へ方やその変遷については充分考慮されてきたとはいひ難かった。

だが、国史の充分な調査に基き「本邦ニ於テ女主ノ皇位ヲ継承セシ者、推古天皇ヨリ後桜町天皇ニ至テ総《す》ベテ八主ナリ、其ノ皇位ヲ継承スルヤ皆已ムコトヲ得ザルニ出ヅルナリ」と記した『旧典類纂　皇位継承篇』の編纂者の一人・横山由清は同じ頃、「継嗣考」で、あくまで「男系」優先主義を尽くした上でのことではあるが「女系」継承を容認してゐた。恐らくこの考へ方を背景に明治十三年の元老院国憲按は「女系」継承を認めたのであって、その前提とされた「已ムコトヲ得サルトキ」といふ文言は当時準拠してゐた欧州各国の憲法には見当たらないし、欧州の「女系」継承認容の思想（「西班牙《スペイン》国憲」の「男女均《ひと》シク王位ヲ嗣《つ》クノ権アリ」等）とはその立場を大きく異にするといはねばならない。

このやうに、明治十三年元老院国憲按の「女帝」容認、井上毅の「女帝」否認といふどちらの場合においても、その背景には、やはり我が国古制の地道な調査・考証の営みが不可欠であったことを今一度静かに考へてみるべきであらう。

「女帝」認否の変遷（条文の比較）

①元老院「日本国憲按」（明治九年）（女帝・女系容認）
帝位継承

第二条　継承ノ順序ハ嫡長入嗣ノ正序ニ循フ可シ尊系ハ卑系ニ先チ同系ニ於テハ親ハ疎ニ先チ同族ニ於テハ男ハ女ニ先チ同類ニ於テハ長ハ少ニ先ツ

第四条　女主入テ嗣クトキハ其夫ハ決シテ帝国ノ政治ニ干與スルコト無カル可シ

②元老院「日本国憲按」（明治十一年）（女帝・女系否認）帝位継承

第二条　継承ノ順序ハ嫡長及入嗣ノ正序ニ由リテ太子若クハ其男統ノ裔入テ嗣ク太子男統ノ裔欠クル時ハ太子ノ弟若シクハ太子ノ兄弟ノ男統ノ裔ニ伝フ嫡出男統ノ裔欠クル時ハ庶出ノ序ニ由テ入テ嗣ク

③元老院「国憲草案」（明治十三年）（女帝・女系容認）
帝位継承

第二条　帝位ヲ継承スル者ハ嫡長ヲ以テ正トス如シ太子在ラサルトキハ太子男統ノ裔嗣ク太子男統ノ裔在ラサルトキハ太子ノ弟若クハ太子ノ兄弟ノ男統ノ裔嗣ク嫡出男統ノ裔渾テ在ラサルトキハ庶出ノ子其男統ノ裔長幼ノ序ニ由リ入テ嗣ク

第三条　上ノ定ムル所ニ依リ而シテ猶ホ未タ帝位ヲ継承スル者ヲ得サルトキハ親王諸王ノ中親疎ノ序ニ由リ入テ大位ヲ嗣ク若シ止ムコトヲ得サルトキハ女統入テ嗣クコトヲ得

④宮内省立案第一稿「皇室制規」（明治十九年）〔女帝・女系容認〕

第一　皇位ハ男系ヲ以テ継承スルモノトス若シ皇族中男系絶ユルトキハ皇族中女系ヲ以テ継承ス男女系各嫡ヲ先キニシ庶ヲ後ニシ嫡庶各長幼ノ序ニ従フヘシ

第十三　女帝ノ夫ハ皇胤ニシテ臣藉〔籍〕ニ入リタル者ノ内皇統ニ近キ者ヲ迎フヘシ

⑤宮内省立案第二稿「帝室典則」（明治十九年）〔女帝・女系否認〕

第一　皇位ハ男子ニ伝フヘシ

第六　凡皇位ノ継承ハ嫡ヲ先キニシ庶ヲ後ニシ嫡庶各長幼ノ序ニ従フヘシ

⑥皇室典範（明治二十二年）〔女帝・女系否認〕

第一条　大日本国皇位ハ祖宗ノ皇統ニシテ男系ノ男子之ヲ継承ス

⑦皇室典範（昭和二十二年）〔女帝・女系否認〕

第一条　皇位は、皇統に属する男系の男子が、これを継承する。

歴代の皇位継承事情を考へる

平成十七年八月十五日付

現在、皇位継承問題についてさまざまな論議がなされてゐる中で、皇位継承の「危機」といった表現が目立つ。

確かに現在の、「男系男子」継承に限定し、「庶子」継承をも否定する現行皇室典範のもとにおける将来の皇位継承者の不在は、未曽有の危機的状況といっても過言ではない。

しかしながら、我が国の歴史上、皇位継承をめぐっては、現在のみが危機的な状況にあるわけではなかったともいふことも改めて考へる必要があらう。

今回は現代から近代、さらに古代にまで遡りつつ歴代天皇の皇位継承事情を考へてみたい。

近代の皇位継承事情

第百十九代の光格天皇から第百二十五代の今上天皇までの七方については、いはゆる直系の「男系男子」で皇位が繋がってゐることはいふまでもない。しかし、その間二百年余の継承事情を遡ってみると、直系による皇位継承がいかに困難なものであったかを窺ふことができる。

例へば、明治初期においては、明治十二年に嘉仁親王（後の大正天皇）が御誕生になるまでは皇族男子は遠系の世襲親王家にしか存在せず、また明治天皇には五方の皇子がをられたが、成人されたのは嘉仁親王のみであった。

明治天皇は孝明天皇の第二皇子、孝明天皇は仁孝天皇の第四皇子、仁孝天皇は光格天皇の第六皇子であった。

また、孝明天皇から大正天皇までの三方はいづれも庶子による皇位継承であった。かつ、この三方はいづれも他の皇子が早世されたため、当時、直系の皇位継承者がたった一方のみといふ状態での皇位継承であったことも注意しなければなるまい。

ではこれ以前にどのやうな継承がなされてきたのかといふ点について少し述べてみたい。

皇位継承例の類型

帝国学士院編『帝室制度史』第三巻などによれば、初代神武天皇から今上天皇までの百二十四の継承例のうち、①直系継承＝六十八例、②兄（姉）弟間の継承＝二十七例、③その他の継承＝二十九例である。

例へば、第百十八代後桃園天皇から第百十九代光格天皇への皇位継承は③にあたる。光格天皇は閑院宮典仁《すけひと》親王の第六王子であり、第百十三代東山天皇の曽孫にあたる。また、③の継承例のうち、特に遠い血縁への継承例としては、第二十六代継体天皇、第四十九代光仁天皇、第五十八代光孝天皇、第百二代後花園天皇、第百十九代光格天皇の五例が挙げられる。

継体天皇については、継体天皇は第十五代応神天皇の五世孫であり、先帝の第二十五代武烈天皇からみれば、継体天皇は十親等も離れてゐたことになる。

光仁天皇については、天皇御自身は天智天皇の孫であり、先帝である称徳天皇（孝謙天皇重祚）

からみれば八親等も離れてゐた。光仁天皇は天智天皇の皇子・施基《しき》親王の第六王子である。

さらには、継体天皇、光仁天皇、光格天皇の三方はいづれも先帝ないし先々帝などの皇女、つまりそれまでの系統の直系の皇女を皇后として迎へてゐることは注目すべき点であらう。

継体天皇の場合、后であった手白香《たしらか》皇女からは第二十九代の欽明天皇がお生まれになってをり、その系統がのちの天智天皇、天武天皇の系統へと繋がってゆく。

光仁天皇には先帝・称徳天皇の妹である井上《いのへ》内親王が皇后となったが、子は内親王のみであったため、庶子である山部親王（桓武天皇）が皇位を継承、近世の光格天皇の場合は後桃園天皇の皇女である欣子《よしこ》内親王が皇后となり、その所出である温仁親王が儲君（皇太子）に定められたが、早世されたため、庶子である恵仁《あやひと》親王（仁孝天皇）が皇位を継承してゐる。

昭和期は稀有な時代

さらに注意すべきことは、庶子継承の多さである。今上天皇までの百二十五代の天皇のうち、直系の嫡子による皇位継承者は四十方、直系の庶子の継承者は二十八方であり、直系嫡子の数は全体の三割を越す程度である（編輯部調）。この数字からも直系嫡子による継承の困難さがわかる。

近世以降だけをみても明治天皇までは皇后以外にいはゆる「側室」がをり、皇位の継承を多分に救ってきた。しかしながら、数字的にみても近世中期（第百十三代東山天皇）以降約三百年の間は、嫡庶合はせた一代の天皇あたりの親王の数は約四方、早世を除く嫡庶合はせた親王の数は平均で約二・五方であり、うち嫡出の親王は一方強でしかない。

この数字が何を物語るのかといふと、大正天皇には四方の親王が、昭和天皇には二方の親王が生まれ、以後にお生まれになった宮家の親王を含め九方、しかも、すべて嫡出の親王がをられた昭和期は皇位継承の歴史の上では稀有な時代であったことである。

逆にいへば、この直系の親王の稀にみる多さが我々に皇位継承の危機を制度的・根本的に考へねばならないといふことを忘れさせてゐたのかも知れない。

浮き彫りになる問題

以上述べてきたやうに、現代から近代、さらに前近代に遡って皇位継承の事情を探っていけば、自づと現今の皇位継承論議における問題点も浮き彫りになってこよう。

先述したやうに、幕末から明治期にかけて、天皇中心の新たな国家体制が敷かれていく中にあって、直系男子による皇位継承が極めて厳しい事情の中では、当然の如く庶子継承以外にも女子による皇位継承が考へられてもよいはずであった。

にも拘らず、明治期には「男系男子」の皇位継承に限定された。この点の経緯については、すでに本連載の第三回（第二七九八号）で触れてゐる通りである。

近代以降の皇室典範による法規的な縛りが無かった前近代において、如何にして男系による皇位継承が守られ続けてきたのか。そして何故に傍系の男子皇族による皇位継承や第五十九代宇多天皇のやうな一旦皇籍を離脱した皇族を復籍しての皇位継承までがおこなはなければならなかったのか。さらに関連することとして、帝国憲法や旧皇室典範の中で使はれてゐた「皇位」「皇統」、或は「万世一系」といふ概念は一体、どのやうに考へられてきたのか。

　これらの点について、今一度、時間をかけてあらゆる角度から真摯に検討し直す必要があるのではなからうか。

【近世後期～近現代】歴代天皇の「側室」数及び嫡庶子数一覧表（編輯部調）								
代数	天皇	皇后・女御《にょうご》	「側室」	嫡子	庶子	皇子	皇女	御出身
119	光格天皇	欣子《よしこ》内親王 （後桃園天皇皇女）	7	2	16	12	6	閑院宮典仁親王第六王子
120	仁孝天皇	鷹司繋子《つなこ》 鷹司祺子《やすこ》	5	3	12	7	8	光格天皇第六皇子
121	孝明天皇	九条夙子《あさこ》	3	2	4	2	4	仁孝天皇第四皇子
122	明治天皇	一条美子《はるこ》	5	0	15	5	10	孝明天皇第二皇子
123	大正天皇	九条節子《さだこ》	0	4	0	4	0	明治天皇第三皇子
124	昭和天皇	久邇宮良子《ながこ》女王	0	7	0	2	5	大正天皇第一皇子
125	今上天皇	正田美智子	0	3	0	2	1	昭和天皇第一皇子

皇室典範における「養子」の語

平成十七年八月二十二日付

去る七月二十六日、「皇室典範に関する有識者会議」は、第十回会合終了後、「今後の検討に向けた論点の整理」を公表した。これは、会議の方向性を示さない「中立的な整理」としてまとめられたものである。

それには「皇位継承資格者の存在を確保するための方策」について、①「現在は皇族でない一般国民の中から、昭和二二年に皇族の身分を離れた旧皇族やその子孫のうち男系男子を対象として、現在の皇族との養子縁組や婚姻、又は単純な復帰・編入といった方法により、皇族とする方策」と②「『男系男子であること』という要件を見直し、男系の皇族女子や女系の皇族も皇位継承資格を有することとする方策」の両論が併記されてゐる。

今後の会合はこの「論点の整理」に基づいて議論するといふが、未だ積み残された調査課題も少なくない。その冒頭で「皇統」や「男系・女系」を極めて簡潔に説明してゐるが、肝心な両者の関係性については明らかにされてゐないやうに、まづもって再確認しておくべき基本的用語の検討も不十分なままである。

今回考察する、皇室典範の「養子」の語も、その一つであるといへよう。

新旧典範条文の比較

現行典範第九条には「天皇及び皇族は、養子をすることができない」とある。これは通常、旧典範第四十二条「皇族ハ養子ヲ為スコトヲ得ス」を踏襲したものとされ（第二回会合資料2-3）、明治の『皇室典範義解』には、「本条ハ独《ひと》異姓ニ於ケルノミナラス皇族互ニ男女ノ養子ヲ為スコトヲ禁スルハ宗系紊乱《びんらん》ノ門ヲ塞クナリ」とある。

だが、前者には後者には無い「天皇及び」といふ文言がある。これは臨時法制調査会の改正法案要綱までは無かったが、昭和二十一年十月二十二日の「皇室典範試案」から加へられた。法制局の「皇室典範案に関する想定問答」では、その理由を「皇族の養子の禁を規定しただけでは、その禁が天皇に及ばぬことを虞《おそ》れたからである。又歴史上天皇養子のことが多かつたから、本条の如く規定することも意味なしとしない」とする。ただ、旧典範第五十八条「皇位継承ノ順序ハ総テ実系ニ依ル現在皇養子皇猶子又ハ他ノ継嗣タルノ故ヲ以テ之ヲ混スルコトナシ」に対応する条文が現行法に無いことは説明されてゐない。少なくともこの説明だけでは、皇室における「養子」の性格を十分に窺ふことはできない。

旧典範当時の「養子」

元来、「養子」や「猶子」（或は「実子」）の語はその由来を異にするが、実際にはその区別は明瞭とはいへなかった。

旧典範当時における天皇の「養子」「猶子」は、小松宮彰仁親王、北白川宮能久《よしひさ》親王が仁孝天皇養子、閑院宮載仁《ことひと》親王、伏見宮貞愛《さだなる》親王が孝明天皇養子、山階宮晃親王が孝明天皇猶子、有栖川宮威仁《たけひと》親王、小松宮依仁《よりひと》親王が明治天皇養子と挙げられるが、「嫡子者即今先是迄之通為御養子可有親王宣下旨」（『法令全書』）と記されたやうに、いづれも世襲親王家出身の王が親王宣下を蒙るために天皇の養子となられたもので、「宮家の継嗣」には関はりがあっても、直接的に皇位継承のためといふ意味のものではない。但し勿論、これは皇位継承順序の問題であり、第五十八条がこれらの親王方に皇位継承資格が無いことを定めたのではないことも確認しておくべきである。

なほ、中山慶子が生母の睦仁親王（明治天皇）と柳原愛子が生母の嘉仁親王（大正天皇）は、儲君御治定とともにそれぞれ、准后（九条夙子《あさこ》＝英照皇太后）と皇后（一条美子《はるこ》＝昭憲皇太后）の「実子」となられてゐる。

「養子縁組」的で無い

第四回会合の資料１‐９等では、養子となる事例を、宮内庁『皇室制度史料』を踏襲し、①皇位の継承（直系継承の擬制）、②世襲親王家、寺家等の家の継承、③親王宣下を受けること、④特定の家の子女として婚嫁すること、の目的別に分類してゐる。①を目的とする事例に挙げられてゐるのは花園天皇・光明天皇・後花園天皇・霊元天皇・光格天皇である。

だが、兄・後伏見上皇の猶子になると同時に再従兄弟・後二条天皇の皇太子に立った富仁親王（花園天皇）をはじめとする中世の事例（兄や叔父などの「養子」）に関しては、両統迭立、南北朝期といふ特殊状勢を十分に考慮せねばならない。

また、伏見宮出身で後小松上皇猶子となり親王宣下の無いまま上皇の子・称光天皇から皇位を継承した彦仁王（後花園天皇）や、閑院宮出身で先帝の後桃園天皇猶子となり践祚した兼仁《ともひと》王（光格天皇）は、諸王から即位された例でもあるが、当時、世襲親王家の中で最も新しい宮家であったが故に、先帝とは最も血縁的に近い系統から即位されたことになる。さらに、識仁《さとひと》親王（霊元天皇）は御誕生年に兄の後光明天皇養子となり、後年親王宣下、同じく後光明天皇の弟・後西天皇の譲位により即位されたが、後西天皇とは高松宮の良仁親王が後光明天皇崩御に伴ひ即位された方で、天皇の「養子」として皇位継承された訳ではない。

世襲親王家の出身者が即位された事例は、先帝との血縁はかなり遠い方もをられるが、当時としてはいづれも自然な形の皇位継承の姿であったといへる。それ故、「養子」であることが即位に必須の要件だったとまでは断言できない。

また、鎌倉期には、順徳天皇の曽孫・源忠房が後宇多上皇の猶子として親王宣下された例があるが、『職原鈔《しょくげんしょう》』では三世源氏の立親王は未曽有のことと評価されてゐる。一旦臣籍降下された元皇族が皇籍復帰して現存する宮家の「家督を継ぐための」養子となって皇位継承に備へ、即位に至った事例はない。さらに、昭和二十二年に皇籍離脱された十一宮家は全て伏見宮から分かれた系統であり、今上陛下とは、父系の血縁からすれば、約六百年ほど離れてゐる。

因みに、旧典範が決まる前段階の明治九年、宮内大丞・小河一敏《をごうかずとし》は「皇統ハ下々ニテ家督ヲ重クシ養子シテ其家ヲ継カスル」とは大いに異なるとした上で、「前天皇トノ御血系ハイカニ遠クトモ正シキ皇胤ニシテ、代々臣遇セラレサル皇親ナレハ、前天皇ノ養子タルノ名ヲ負玉フニ及ハス、某天皇何世孫ニテ大統ヲ承玉フニ何ノ障《さはり》モ無コトナリ」としつつ、「皇統ハ養子トセラル、法規ト成ニモセヨ、血系遠キ諸王ヲ養子トシテ親王トセラル、コトハ止メラレ、養子ハ只皇統ヲ継カシムル方トノミ定メラレタシ」と述べ、「養子縁組」的発想を排する提起をしてゐることは注目されよう（國學院大學図書館『梧陰文庫』所蔵「皇親」）。

第4回会合（資料1‐9）1「皇位の継承を目的として、養子となる例」の検討

ア、富仁親王（第九十五代花園天皇）＝後伏見上皇（第九十三代後伏見天皇）の猶子

兄・後伏見上皇の猶子、再従兄弟の第九十四代後二条天皇の皇太子に立つ（「依御猶子号立坊已了」、『伏見上皇御消息案』）＝両統迭立といふ特殊な状勢のため、「再従兄弟の後を再従兄弟が継承する」例が続いた（後伏見天皇・後二条天皇・花園天皇・後醍醐天皇。その他の例は顕宗天皇、後嵯峨天皇、『旧典類纂　皇位継承篇』）。

＊『皇室制度史料』に挙げられてゐて、（資料1‐9）に取り上げられてゐない例

後伏見天皇の子・量仁親王（北朝第一代光厳天皇）＝叔父・第九十五代花園天皇の猶子（「量仁親王為禁裏御猶子、始終可為継体」、『伏見天皇御処分帳案』）。

イ、豊仁親王（北朝第二代光明天皇）＝北朝第一代光厳天皇の猶子

兄・光厳天皇の猶子となり即位（「新院ノ御一腹ノ御弟宮豊仁親王ヲ新院ノ御為〔猶カ〕子ノ儀ニテ、御位ニ即奉リ給ヒケリ」、『保暦間記』）。「兄弟継承」の例（二十帝の例がある、『旧典類纂　皇位継承篇』）。

ウ、彦仁王（第百二代後花園天皇）＝後小松上皇（第百代後小松天皇）の猶子

光厳天皇の玄孫で伏見宮の彦仁王は、族伯叔父に当たる光厳天皇の曽孫・後小松上皇の猶子となり、親王宣下のないまま、後小松上皇の子・第百一代称光天皇から皇位を継承（「院の御猶子の儀にて践祚あり」、『椿葉記』）。「族兄弟の後を族兄弟が継承」の例（後花園天皇の一帝のみ、『旧典類纂　皇位継承篇』）。

エ、識仁親王（第百十二代霊元天皇）＝第百十代後光明天皇の養子

第百八代後水尾天皇の子で兄・後光明天皇の養子となり、親王宣下を蒙った上で、兄・後西天皇から皇位を継承。（「此宮者後光明院御養子故、当今脱　後即位可有故也」、『二条殿日次記』、「兄弟継承」の例）。

オ、兼仁王（第百十九代光格天皇）＝第百十八代後桃園天皇の養子

第百十三代東山天皇の曽孫・閑院宮の兼仁王は、再従姪に当たる東山天皇の玄孫・後桃園天皇の猶子となり践祚（「主上御不予被及御太切候、依無御継体、帥宮息男祐宮九歳、為御養子可有践祚之旨、叡慮御治定被仰出候事」、『定晴卿記』）。「再従姪の後を族叔父が継承する」例（光格天皇の一帝のみ、『旧典類纂　皇位継承篇』）。

占領下における十一宮家の皇籍離脱

平成十七年八月二十九日付

古くから皇族が臣籍に下って氏姓を称することがおこなはれてゐたが、奈良時代からは「橘」「文室《ふんや》」などの姓を賜って皇族の身分を離れる例が多くなった。その後「源」「平」の姓を賜ることが始まり、以後これが定着した。この他、皇族が他家の養子となって降下する例もあった。

明治の皇室典範では、いはゆる永世皇族制が定められたが、明治四十年の皇室典範増補により、王が家名を賜って華族に列することが可能となった。戦後の皇室典範では、十五歳以上の内親王・王・女王はその意思に基づき、また、皇太子・皇太孫を除く親王も、やむを得ない特別の事由があるとき、それぞれ皇室会議の議によって皇族の身分を離れることができると規定された（第十一条）。

終戦と占領軍の圧迫

臣籍降下の特殊な例は、戦後の十一宮家の皇籍離脱である。昭和二十年の大東亜戦争終結当時、いはゆる宮家は計十四を数へてゐたが、占領軍による改革の矛先は、当然ながら皇室にも及ぶべきことが予想された。十一月十一日、東久邇宮稔彦《なるひこ》王は、敗戦の責任を明らかにするため、皇族の殊遇を拝辞したい旨を表明し、「私一個の考へであるが、皇族は陛下の御肉親である秩父宮、高松宮、三笠宮の三宮家に限り、あとは臣籍に降下したらよいと思ふ」と述べられた（『朝日新聞』

同日付）。この御意向について新聞は「できるだけ皇族の範囲を狭めて、累の上御一人に及ぶことを全力を挙げて未然に避けん」とするものと忖度してゐる（『同』同月二十三日付）。

但し、皇族全体としては「皇族の使命を軽んじ自ら卑下して時勢におもねるもの」（閑院宮春仁王）と、反対が大勢を占め、石渡荘太郎宮相も臣籍降下の勅許は困難であるとの見解を示したため、この問題は一時沈静化した。

しかし十二月九日、梨本宮守正《もりまさ》王が戦犯に指名され、戦争責任追及の手は、皇族でも免れ得ないことが明らかとなる。かうした中、加藤進宮内次官（のち宮内府次長）は、占領軍のさらなる要求が出る以前に先手を打ち、三直宮以外の皇族方が、自ら皇籍を離れることを陛下にお許し戴くべく奔走した。これについて加藤は「とにかく天皇とお直宮を守ることが絶対に必要だった当時の状況から考えたとき、ぜひとも臣籍に自ら降下していただく以外にはありませんでした」と回想してゐる（「戦後日本の出発 - 元宮内次官の証言」『祖国と青年』第七十一号・昭和五十九年）。

この問題に関して開かれた重臣会議の席上では、鈴木貫太郎元首相等から、皇后の御実家である久邇宮家や、明治天皇の皇女が嫁がれてゐる宮家は残してはどうかといふ意見や、皇位継承者確保への不安が示されたが、加藤は「非常にその点は心配です。しかし皇太子殿下もいずれ御結婚をあそばされるでしょうし、また三笠宮殿下にも御子息がいらっしゃるのでなんとかなるとは思います」と説いて了承を得た。

加藤は「離脱なさる宮様方につきましても、これまでの皇室典範からいって皇位継承権を持っておられるのでございますから、皇族を下られるにつきましても、宮内省としては全力をつくして充分な生活費をお与えし、品位を保つだけの費用は用意いたすつもりです。これについての成算はございます」と述べ、また「『万が一にも皇位を継ぐべきときが来るかもしれないとの御自覚の下で身をお慎しみになっていただきたい』とも申しあげました」とも述懐してゐる（同前）。

五十一方が御降下

翌二十一年五月二十三日、占領軍より覚書「皇族に関する件」（いはゆる「皇族の財産上その他の特権廃止に関する指令」）が発せられ、皇族に対する種々の財産的優遇が撤廃され、その財産も課税の対象となった。この結果、皇族範囲の縮小は不可避となり、加藤の方針に添って事態は推移した。

そして、同年十一月二十九日、昭和天皇は皇族一同をお召しになり、「諸般の情勢上、秩父、高松、三笠の三宮を除き、他の皇族は全員臣籍に降下することが妥当であるような事情に立ちいたった。まことに遺憾であるが、了承せよ」との御旨を伝へられ、十二月二十四日には皇族会議が開かれ、伏見、閑院、山階《やましな》、梨本、北白川、久邇、賀陽《かや》、東伏見、竹田、朝香、東久邇の十一宮家、計五十一方の臣籍降下が正式に決定された。

しかし、離脱に際しての手続き等については、新憲法施行後最初の国会において審議されるべきものとされたため、実際の臣籍降下の時期は遅れたが、各皇族方は、翌二十二年五月一日付の「最近の国情に鑑み、深くその趨《おもむ》くところを察し、今後は皇族の身分を離れ、宗室の外に在って、皇運を輔け、世務に尽くしたいと思います。茲に謹んで皇籍離脱の情願を陳《の》べ、微衷を容《い》れ給わんことを冀《ねが》います」との情願書に署名、皇族方の自主的な発意による離脱といふ形式が整へられた後、十月十四日を以て皇族の身分を離れられたのであった（同十三日付宮内府告示第十五・十六号）。

皇籍復帰をめぐって

昨今の皇位継承に関する論議では、男系継承の伝統保持のため、右の旧皇族の皇籍復帰も検討されてゐる。これについては、離脱から既に約六十年が経過してゐること、しかも室町時代に現在の皇統と分れた伏見宮系の方々で、現皇族と血縁的に遠いことなどから、国民の理解が得られないとする反対意見も強い。

しかし、叙上のやうに、十一宮家の離脱は占領軍の方針による皇室財産の縮小や、皇室への戦争責任追及の防止等といふやむを得ざる状況下でおこなはれた、史上に例を見ない特殊なものであった。しかも、加藤元宮内次官の回想にもあった通り、当事者の間では万が一の皇位継承の可能性も否定されてゐなかったのである。

また、十一宮家のうち、北白川・竹田・朝香・東久邇の四家には明治天皇の皇女方を妃に迎へられてをり、さらに東久邇家には昭和天皇の第一皇女成子《しげこ》内親王も嫁がれてゐる。従って「女系」を尊重すれば、これらの旧宮家の方々は、明治・昭和両帝の血統を現皇族方と同等に引いてをられることとなる。

以上に鑑みれば、先般「皇室典範に関する有識者会議」が示した「男系維持」か「女系容認」

かといふやうな二者択一的な方向ではなく、広範かつ具体性を持った論議が求められるはずである。

皇族の皇籍離脱（臣籍降下）に関する皇室典範の条文【抄】

旧皇室典範（明治二十二年二月十一日）「第七章 皇族」抜粋

第四十四条　皇族女子ノ臣籍ニ嫁シタル者ハ皇族ノ列ニ在ラス但シ特旨ニ依リ仍内親王女王ノ称ヲ有セシムルコトアルヘシ

皇室典範増補（明治四十年二月十一日）抜粋

第一条　王ハ勅旨又ハ情願ニ依リ家名ヲ賜ヒ華族ニ列セシムルコトアルヘシ

第二条　王ハ勅許ニ依リ華族ノ家督相続人トナリ又ハ家督相続ノ目的ヲ以テ華族ノ養子トナルコトヲ得

（中略）

第六条　皇族ノ臣籍ニ入リタル者ハ皇族ニ復スルコトヲ得ス

現行皇室典範（昭和二十二年一月十五日）「第二章 皇族」抜粋

第十一条　年齢十五年以上の内親王、王及び女王は、その意思に基き、皇室会議の議により、皇族の身分を離れる。

親王（皇太子及び皇太孫を除く。）、内親王、王及び女王は、前項の場合の外、やむを得ない特別の事由があるときは、皇室会議の議により、皇族の身分を離れる。

第十二条　皇族女子は、天皇及び皇族以外の者と婚姻したときは、皇族の身分を離れる。

第十三条　皇族の身分を離れる親王又は王の妃並びに直系卑属及びその妃は、他の皇族と婚姻した女子及びその直系卑属を除き、同時に皇族の身分を離れる。但し、直系卑属及びその妃については、皇室会議の議により、皇族の身分を離れないものとすることができる。

第十四条　皇族以外の女子で親王妃又は王妃となつた者がその夫を失つたときは、その意思により、皇族の身分を離れることができる。

　前項の者が、その夫を失つたときは、同項による場合の外、やむを得ない特別の事由があるときは、皇室会議の議により、皇族の身分を離れる。

　第一項の者は、離婚したときは、皇族の身分を離れる。

　第一項及び前項の規定は、前条の他の皇族と婚姻した女子に、これを準用する。

第十五条　皇族以外の者及びその子孫は、女子が皇后となる場合及び皇族男子と婚姻する場合を除いては、皇族となることがない。

皇族範囲の変遷と近代の宮家

平成十七年九月五日付

「皇室典範に関する有識者会議」の「今後の検討に向けた論点の整理」では、主要な論点として「皇位継承資格」「皇位継承順位」とともに、「皇族範囲」を挙げ、その《歴史と現行制度》を概ね次のやうにまとめてゐる。

①律令制下では天皇の皇子及び兄弟姉妹を一世と数へ、親王・内親王（二世以下は王・女王）とし、四世までの子孫を「皇族」の範囲とした。だが実際には奈良時代後期以降、原則通りではない弾力的な運用がなされ、平安期以降は天皇の子孫のうち、親王とするとの詔を受けた者のみを親王とする「親王宣下」が慣例化し、鎌倉期以降は代々親王宣下を受けて宮家を世襲する親王家（世襲親王家）が成立した。

②明治典範では親王・内親王を天皇の四世までの子孫とし（五世以下は王・女王）、天皇・皇族の子孫は世数を問はず皇族となる「永世皇族制」が採用された。だが、皇族の増加に伴ふ皇室経済の問題等を背景に、明治四十年の皇室典範増補では、王の皇籍離脱を可能とする制度を設けた（昭和二十一年に増補を改正し、内親王・女王の皇籍離脱制度も創設）。

③現行典範では親王・内親王を天皇の二世の子孫（皇孫）までに限定（三世以下は王・女王）し、天皇・皇族の「嫡男系嫡出の子孫」は世数を問はず皇族にする「永世皇族制」を採用しつつも、皇籍離脱制度の運用により皇族の規模を調整するといふ考へ方をとった。

皇親と皇族の違ひ

宮内庁『皇室制度史料』皇族一では、「皇族」の語は「江戸時代まではその用例は少なく、同じく中国の制に由来する皇親の語が大宝令に於いて定称とされた後は、これが皇族を指す語となった。しかし其の間律令制度の衰退に伴い、皇親の語の用例もしだいに減少し、明治に入ってからは皇族の語が多く用いられ、さらに明治二十二年制定の皇室典範に於いて皇族の意義・範囲が定められた」と記す。これに倣ってか、有識者会議の資料では、前近代に専ら使用された「皇親」の語を用ゐずに「皇族」の語のみでその範囲の変遷を整理してゐる。だが、このやうにあたかも「皇親」の語を単なる「皇族」の古い呼称とみなし、その概念を何の断りもなく同一視するやうな書き方は説明不足の感がある。厳密にいへば、「皇親」と「皇族」は、それぞれが指し示す成員の範囲が質的に変化してをり、その概念の意義を相当異にしてゐるため、正確には先の①で記した「皇族」の語は「皇親」と表記すべきである。

有識者会議の資料でも、明治典範以前には「皇族女子は、天皇・皇族以外の者と婚姻した場合も皇族の身分を保持（但し、そこに誕生した子は皇族とはならない）」したが、以後は「天皇・皇族以外の者と婚姻した皇族女子は皇籍を離脱」する（第五回会合資料1 - 8）、とその差異を示したものがあるが、このやうに「皇親」の成員は婚姻によって変化することは無い。即ち、配偶関係は「皇親」身分とは関連せず、臣家出身の皇后も立后によって「皇親範囲」に入る訳では無かったのである。

因みに、大宝令では三后（太皇太后・皇太后・皇后）の敬称は皇太子と同じ「殿下」だったが、典範においては天皇及び三后の敬称を「陛下」とし、皇太子以下は「殿下」と定めてゐることも確認しておくべきだらう。

維新後も、まだ慶応四（明治元）年閏四月十五日の段階では令制と同じく「五世王名を得ると雖も皇親之限に在らず」としてゐる（『法令全書』）。

同時に、ここでは世襲親王家の慣例存続も規定された。世襲親王家とは、鎌倉期以降、殿邸・所領の伝領とともに家号としての宮号が生まれ、やがて代々親王宣下を蒙って世襲することになった宮家で、室町時代に成立した伏見宮をはじめ、戦国時代末から江戸中期までに創設された桂宮・有栖川宮・閑院宮は「四親王家」と称された。

維新期の宮門跡還俗

さらにここでは幕末維新期に新立した親王家に関する規定もあり、その嫡子以下は臣籍降下すべきことが記されてゐる。ここで「一代限り」とされた新立の親王とは、「宮門跡」から還俗し宮家を立てられた方々のことである。門跡とは皇族や摂関家の子弟が入寺する特定寺院もしくはその寺院の住職のことで、親王が法脈を継承される場合が「宮門跡」である。原則として、「四親王家」世嗣以外の子女は、幼い頃に「宮門跡」前任者の後嗣として「附弟」とされ、今上天皇の「猶子」「養子」となった上で、多くは十歳前後に親王宣下を受け、入寺得度して法体となる慣習があったのである。勿論血統による継承はない。

幕末の動乱期、文久には徳川慶喜や島津久光などの「公武合体派」の要請で、青蓮院宮《しょうれんいんのみや》尊融親王が還俗し中川宮朝彦親王に、元・勧修寺宮の濟範法師が還俗し山階宮《やましなのみや》晃親王となり、国事に参与された。晃親王は幾度となく「宮門跡制度の廃止」を主張され、慶応になると、岩倉具視のやうな公家の中からも続々と「宮門跡の還俗」論が出てくるが、三年十二月九日の「王政復古の大号令」以降、明治初年には次々と宮門跡が還俗される（関係略年表参照）。これらの親王は、いづれも伏見宮の系統であった。

これは維新政府の「神仏分離政策」に先行する「皇室の神仏分離」の意味合ひを持つが、近代の皇族制度形成の前史としてもひじょうに重要である。各宮門跡が還俗された結果、急激な宮家の増加が見られたのである。四親王家のうち、近代には、桂宮、有栖川宮の両家が断絶し、継嗣のゐなくなった閑院宮家も明治五年に伏見宮家の易宮《たりのみや》（後の載仁《ことひと》親王）が継承されたため、戦後に臣籍降下を余儀なくされる十一宮家は全て伏見宮の血統になることからも、維新期の宮門跡還俗の史的重要性が知られよう。

先に見たやうに、維新期に新立した宮家は、一旦は「一代限り」のものとされたが、次第に一代皇族制は崩れ、明治の典範では「永世皇族制」が採用された。典範起草に際しては、井上毅《ゐのうへこはし》が「永世皇族制」を主張し、世襲親王家及び親王宣下制度を存続させることを考へたが、一方の柳原《やなぎわら》前光《さきみつ》は「永世皇族制」を基調としながらも、皇族が増加しすぎた場合には遠系の者から臣籍降下させていくといふ制度を主張してゐた。以後明治四十年の皇室典範増補では、五世以下の王に臣籍降下を認めることが規定され、大正九年には、「皇族ノ降下ニ関スル施行準則」が定められていくのである。

幕末維新期における宮門跡の還俗【関係略年表】

文久二年（一八六二）

正月十日　徳川慶喜が「是迄皇胤之御方々夫々御法体被為成来候御事何共恐入候事ニ付此後之処ハ御法体無之親王ニ被為立候様有之度事」「青蓮院宮御儀方今皇国之御為厚御憂慮被為在候趣殊ニ乍憚御英敏之御事共兼々承リ候事ニ御座候間何卒御還俗有之万機御相談ヲモ被下候ハヽ、至極之御事ニテ於関東モ怡悦可被致存候」と奏請

二月十七日　青蓮院宮尊融親王還俗→中川宮朝彦親王（後に賀陽宮《かやのみや》、久邇宮に改称）

十二月二十八日　徳川慶喜・松平慶永・松平容保《かたもり》・伊達宗城《むねなり》・島津久光が連署して書を朝廷に上り、入道済範の還俗及び親王に復せしめられんことを請ふ

文久四（元治元）年（一八六四）

正月九日　入道済範（元勧修寺宮済範親王）還俗、伏見宮に復系→山階宮晃親王

慶応二年（一八六六）

十月　岩倉具視《いはくらともみ》「極秘語」中「宮門跡僧尼早々御還俗之事並仏夷御処置之事」

慶応三年（一八六七）

十一月　豊岡随資《あやすけ》建白「法親王ハ勿論、諸国ノ僧尼、末々ニ至ル迄、還俗被　仰出、神道ニ相化候様仕度候事」

十二月九日　仁和寺宮《にんなじのみや》純仁親王還俗→仁和寺宮嘉彰親王（後、東伏見宮、小松宮と改称）

十二月　山階宮晃親王が「宮門跡制度」廃止を建白

慶応四（明治元）年（一八六八）

正月七日　聖護院宮《しょうごいんのみや》雄仁親王還俗→聖護院宮嘉言親王、知恩院宮尊秀親王還俗→華頂宮博経親王

三月十七日　「諸国神社の別当・社僧復飾令」（神祇事務局達）
閏四月十五日　梶井宮昌仁親王還俗↓梶井宮守脩親王（後に梨本宮に改称）、照高院宮信仁親王還俗↓照高院宮智成親王（後に北白川宮に改称）
明治二年（一八六九）
九月二十八日　輪王寺宮《りんのうじのみや》公現親王還俗、伏見宮へ復帰
↓智成親王薨去後、北白川宮能久《よしひさ》親王
明治四年（一八七一）
五月十四日　「神社は国家の宗祀につき、神宮以下神社の世襲神職を廃し精選補任の件」（太政官布告）
五月　「諸門跡比丘尼御所号等ヲ廃シ地方官ニ於テ管轄セシム」（『太政類典』）、「今般御改正ニ付仁和寺大覚寺等ヲ始メ御所号門跡号院家院室等ノ名称悉皆被廃止地方管轄被　仰付候事」（京都府布令書）
＊各親王の宮号や御名前の改称などは一時におこなはれたものではなく、しかも多様な経緯を辿つてゐる場合もあるが、ここでは「還俗」の日付けに焦点を合はせた。

「皇統」及び「万世一系」の語について

平成十七年九月十二日付

「皇室典範に関する有識者会議」は、八月三十一日の第十一回会合で、現行の男系男子のみによる皇位継承は、旧皇族の皇籍復帰の可能性を考慮しても「安定性の面で非常に懸念が残る」との意見で一致した。これにより次回会合からは「女性・女系天皇容認案」を軸に皇族範囲や皇位継承順位などの具体的検討に入っていくといふ。

「皇統」概念の解釈

だが、これまでの会合を顧みると、典範改正といふ極めて重大な問題を考へる前提作業にしては余りにも皮相的で、未だ本格的論議に入れるやうな段階とはいへない。第十回会合で提示された「今後の検討に向けた論点の整理」でも、「皇統」の語を「歴代の天皇からつながる血統のこと」とのみ説明し、「男系・女系」との関係性には触れてゐない。また、第二回会合で委員の一人から出された「万世一系とはどういふ概念か」といふ問ひに対しても、それ以後、まともな検討は加へてられてゐない。

「皇統」に関しては、単に天皇の血統と解するだけでなく、その系統が歴史的には男系によってのみ成立してきたことに着目し男系制をも読み込む解釈（小嶋和司『憲法概説』）がある一方、有識者会議の園部逸夫座長代理のやうに「皇統は観念上は男女両系を含み得るもの」（『皇室法概論』）とする見解がある。

ユニークなのは、佐藤丑次郎『帝国憲法講義』（昭和十一年増訂改版）で、「皇統ニ属ストハ帝国憲法及皇室典範ヲ制定シタル天皇ト同一系ノ血統ニ属スルコトヲ謂フ。換言スレバ明治天皇ヲ基本トシ、明治天皇ノ祖宗ノ正系タル後裔ヲ意味ス。蓋皇室典範ニ所謂祖宗トハ此ノ天皇ノ祖宗ヲ指スモノニシテ、憲法ニ所謂万世一系トハ此ノ天皇ト祖宗ヲ同ジクスル者歴代皇位ヲ嗣ギテ此ノ天皇ニ至リシガ如ク、其ノ同一血統ニ属スル者天皇トナリテ帝国ヲ統治スルコト万世ニ亙リテ渝《かは》ルコトナキヲ示スナリ」と明治天皇を基点とする「皇統」概念を示してゐる。

「万世一系」の由来

明治憲法第一条「大日本帝国ハ万世一系ノ天皇之ヲ統治ス」の中の「万世一系」といふ語は、巷間頻繁に用ゐられる割にその由来は殆ど説明されない。島善高早稲田大学教授の「『万世一系の天皇』について」（『明治聖徳記念学会紀要』復刊第六号）に拠れば、憲法起草に当たった井上毅は、明治十九年末、東京大学古典講習科で国学的教育を受けた小中村義象《よしかた》に命じて「万世一系」の語を調査させたところ、義象は水戸の藤田東湖が「万世一姓ノ天皇」と書いたとは聞くが、「一系」の語は我が国の古書にも漢籍にも見えず、その使用は最近のことだと報告し、それに替へて『日本書紀』に拠る「天壌無窮」「万世無窮」の使用を提案した。

我が国では、中世に北畠親房『神皇正統記』が皇統を「一種姓」と表現し、また、近世には「天子に姓あるものにあらず」との記録がある一方、「易姓革命」が伝統の支那では、宋の時代より、我が国の皇統の連続性を「一姓伝継」として「姓を交へない」同一の家系として認識してゐた。

文政九年（一八二五）の岩垣松苗『国史略』では、「歴世ノ天皇、正統一系、亘万世而不革」や「皇統一系、万世不革」などの表現が見えるが、「万世一系」の使用は維新期以降で、最も早い使用例としては、慶応三年（一八六七）十月の岩倉具視「王政復古議」に「皇家は連綿として万世一系」とある（阪本是丸「明治以降神社祭祀制度について」『神社本庁教学研究所紀要』第一号）。岩倉は明治二年（一八六九）にも意見書の中で「万世一系の天子」との表現を用ゐてゐる（『岩倉公実記』）。

新政府の公文書では、明治二年一月の版籍奉還上表文には「皇統一系万世無窮」とあったが、四年十一月の「同盟各国ヘノ国書」では「天佑ヲ保有シ　万世一系ナル皇祚ヲ践ミシヨリ」とあり、以後「万世一系」の語は外交文書で多用された。

「万世一系＝男系」？

憲法学者の奥平康弘東京大学名誉教授は、「井上（毅）たちによれば、『万世一系』とは、男系・男子による血統の引き継ぎであり、女系・女子がこの間に入り込む余地はない」とした上で、今後「女帝」容認策を採ることは、「天皇制のそもそもの正当性根拠であるところの『万世一系』イデオロギーを内において浸食する因子を含んでいる。男系・男子により皇胤が乱れなく連綿と続いて来たそのことに、蔽うべからざる亀裂が入ることになる。……そんな『万世一系』から外れた制度を容認する施策は、いかなる『伝統的』根拠も持ち得ない」と挑発的な物言ひをしてゐる（『世界』二〇〇四年八月号）。

だが、別の所で奥平氏は、明治九年の元老院国憲按では、第一章第一条「日本帝国ハ万世一系ノ皇統ヲ以テ之ヲ治ム」と第二章の「女帝」容認が矛盾なく並存し得ると考へられてゐることを紹介し、井上らのコンセプトが、当時必ずしも万人の抱懐するものでは無かったことも認めてゐる（『「万世一系」の研究』）。即ち、ここでは両者は敢へて関連づける必要性の無い、全く別次元のものとして認識されてゐた。

十三年の国憲按も同様の構図だったが、これに対しては、元老院議官の河田景与《かげとも》が「所謂女統ナル者、皇女他人ニ配シテ挙グル所ノ子若クハ孫ナルトキハ即現然異姓ナリ……異姓ノ子ニシテ帝位継承スルコトヲ得ハ之ヲ万世一系ノ皇統ト云可ラス」と批判し、また、十五年には宮内省一等出仕・伊地知正治が「皇国帝系ハ男統一系ナル故ニ、万世無窮　皇統連綿セリ、若シ女統ヲ立ツ　皇統直チニ他系ニ移ル、此レ是ヲ　皇統ヲ滅絶スルト云フ」と述べてゐる。

これらを受けた井上毅は、確かに「姓」は父系で継承されるべきとの観念を前提としてゐた。だがこれらの見解も、同等とされる家系の範囲が相当広範な欧州各国王室の「易姓」の継承事情に脅威を感じたが故の近代的な発想ともいへるし、本来「姓」を臣下に与へる存在である「姓の無い」我が国の天皇が拘束されねばならぬ原理なのかどうかは疑問なしとはしない。古制に詳しい元老院内の国学者・横山由清も「男統」が絶えた時には「女統」も認める案を考へてゐた（「継嗣考」）。

また、「男系・女系」なる語も明治十年代半ばまでは使用されず、専ら欧州国憲中の訳語「男統・女統」が用ゐられた。これらは前近代には「皇統」を論ずる文脈で使はれてをらず、欧州輸入的な概念の色彩が濃い。
　女性天皇の認否いづれを選択するにせよ、出発点から奥平氏のやうな近代的発想に呪縛される必要は無いといへよう。

男統・女統の観念をめぐる関係資料【抜粋】

「元老院国憲按」（明治十三年）第一篇　第二章　第三条

上ノ定ムル所ニ依リ而シテ猶ホ未タ帝位ヲ継承スル者ヲ得サルトキハ親王諸王ノ中親疎ノ序ニ由リ入テ大位ヲ嗣ク若シ止ムコトヲ得サルトキハ女統入テ嗣クコトヲ得

「国憲草按各議官意見書」（明治十三年）河田景与意見

本条ニ所謂女統ナル者、皇女他人ニ配シテ挙グル所ノ子若クハ孫ナルトキハ、則現然異姓ナリ。〔譬ヘバ仁孝天皇ノ皇女故将軍家茂ニ降嫁スルガ如キ若シ其ノ所在アレバ即徳川氏ニシテ王氏ニアラズ王族ニアラザルナリ〕果シテ然ラバ大ニ第一章第一条ニ抵触ス。如何トナレバ異姓ノ子ニシテ帝位継承スルコトヲ得バ之ヲ万世一系ノ皇統ト云可ラズ。故ニ其ノ入嗣ノ文、男統全ク尽キ千万止ムヲ得ザルノ際ニ備フル者ト雖モ、恐ラク後来言フ可ラザルノ弊害ヲ生ゼン。因テ朱書ノ如ク修正アランコトヲ希望

「伊地知一等出仕口演筆記」（明治十五年十二月一日）

女帝　男統女統
　皇国帝系ハ男統一系ナル故ニ、万世無窮　皇統連綿セリ、若シ女統ヲ立ツ皇統直チニ他系ニ移ル、此レ是ヲ皇統ヲ滅絶スルト云フ

横山由清「継嗣考」（抄）

継嗣ハ男統ヲ先ニシテ女統ヲ後ニス、故ニ最近親ノ女子〔嫡出ノ長女〕ト雖モ血属中ノ男子〔本系傍系尊卑属ノ親及ヒ皇族ノ本系傍系尊卑属ノ親ノ男子ナリ〕ヲ盡シテ男統ノ血属ナキ時ニアラサレバ継嗣ニ立ツコトヲ得ス、然トモ継嗣相応ノ男子幼冲ナル時ハ其成長ヲ待ツノ時間假ニ大統ヲ継承シテ皇帝タルヲ得ヘク、又従兄弟以外ノ親ニテ継嗣ニ立ツ者ノ配偶者トナリテ皇后ニ立ツヲ得ヘシ

若シ男統ノ継嗣タルヘキ者絶エテ無キ時ハ女子ヲ以テ大統ヲ継嗣セシメサルヲ得ス、然ル時ハ其女帝ノ配偶者ヲ設ケテ以テ其血統ヲ保続セシムヘシ、而シテ其配偶者タル者ハ女帝ノ血統ヲ継続保存セシムルノ器具タルニ止マリテ為ニ政権ヲ有スルコト能ハサルヘシ

前数項ニ記載スル所ノ継承法ハ、其嫡庶ノ別ト長幼ノ序トニ依テ之ヲ定ムルモノニシテ之ヲ動カス可ラスト雖モ、人ニ賢アリ不肖アリ健康ナルアリ羸弱ナルアリ、時勢ニ依テ年長者ヲ要スヘキコトアリ、徳望以テ自ラ其地位ヲ占ムルアリ、此ノ如キニ至テハ強チニ常法ニ拘ハラス、天皇ノ特選ト衆民ノ向背トニ依リ、以テ継嗣ヲ定ムルコトヲ得ヘシ

女性天皇の「皇婿」問題について

平成十七年九月十九日付

前回でも述べた通り、「皇室典範に関する有識者会議」は、今後「女性・女系天皇容認案」を軸として論議を進めるとのことだが、女性皇族の皇位継承の採用に際しての大前提となる「皇婿」(皇配)、即ち女性天皇たる方の配偶者の地位を確定することについては、これまで充分に検討されてきたとはいへない。

我が国に前例なし

既に王配制度が確立してゐる欧州各国では、英国女王・エリザベス二世がギリシャ王室からエヂンバラ公フィリップ殿下を迎へたやうに、外国王室との結婚が普通におこなはれ、かうした王室間の「同等婚」によって、男系・女系に拘らず王位相続資格に疑念が生じることもなく、王配制度も定着したのである。これに対し、我が国史上の十代八方の女帝は、いづれも寡婦あるいは独身であって、在位中に配偶者がをられなかったことは既に周知の事実である。

従って、皇婿の容認は皇室史上に存在しなかった全くの「新制」であることをまづ確認しなければなるまい。

もし皇婿制度を設けるとすると、まづ名称とその方に対する敬称が問題となる。これについては、里見岸雄が皇婿の出自を皇統に連なる者に限定しつつ「皇族男子が無く、皇統出自の名族が女子たる天皇の皇婿となつた時は、これを太公とする」（『憲法・典範改正案』）との案を示してゐることが傾聴に値しよう。しかし、皇位以外に女系継承を宮家にも広げた際（女性宮家）、女性当主の配氏をどのやうに遇すればよいのかも課題とならう。

次に敬称であるが、里見は「太公」の敬称を「殿下」としてゐる。この場合、皇后の敬称が「陛下」であるから、天皇の配偶者の敬称に男女間の差異が生ずることになってしまふ。一方、「陛下」を使用するとすれば、外国の王の配偶者の敬称として男帝の王妃を「陛下」、女帝の王配を「殿下」と称する国際的慣行と齟齬を来すこととなるなどの問題を含んでゐる。

皇位の尊厳の問題

しかし、皇婿制度導入に於ける最大の問題は、皇位の尊厳、さらには皇統の連続性に疑義が生じないかといふことである。

これについては、既に明治初期の民権派の人々による「嚶鳴社討論」においても論議があったが、このうち中心的な立場で女帝否認論を展開した島田三郎は、臣民が皇婿となった場合、「夫れ皇帝の大位を尊崇し奉つり、人臣の得て近づく可らざる者とするは、君制国の第一主義なり。…臣民にして至尊に配侍することあらば、其尊厳を損ぜざる無きを得んや。…今皇婿を立て、憲法上女帝を第一尊位に置くも…女帝の上に一の尊位を占るの人あるが如き想を為すは、日本国人の得て免るる能はざる所なるべし」と、当時の国民感情からすれば、皇婿の存在が女帝の尊厳を傷つける恐れがあることを指摘してゐる。

なほ、島田は「且夫れ皇婿暗々裏に女帝を動かして、間接に政事に干渉するの弊なきを保つこと能はず。若し此あらんか、唯女帝の威徳を損ずるのみならず、併せて国家の福利を破るに至らんとす」と、皇婿による政治干渉についての危険性を指摘してゐることも付け加へておく。

さて、我が国一般の相続においては、後を継ぐべき男子が無いとき、女子に配偶者を迎へて後嗣とする、いはゆる「婿養子」が中世よりおこなはれてゐる。

この相続法は貴族や武家にも広がっていったが、この場合もその家の当主となるのはあくまで婿であり、この通念が一般家庭において今なほ強固に残ってゐるとしてよければ、皇婿が「女帝の上に一の尊位を占るの人」と意識されるとの島田の懸念も現代に通ずる所があるといへる。

つまり、これよりすれば、前回にも引いた「皇女他人ニ配シテ挙グル所ノ子若クハ孫ナルトキハ、則現然異姓ナリ」（河田景与意見）といふ観念も未だに根強くあるといふこともできるのである。当時、「姓」を臣下に与へる立場にあった「無姓」の皇家なればこそ、臣下の男子が入婿することにより皇家がその臣下の「姓」を持ってしまひ、皇統が皇婿の家系に移ったと意識されたことは、それ自体充分、歴史的検討に値すべき事柄であらう。

従って、皇婿には皇族あるいはそれに準じた地位が与へられることとならうが、それのみで血統意識が容易に変化するとは考へられない。では、皇婿制度と皇位の尊厳保持とを両立し得る方策はあるだらうか。

その参考となるのは、女系継承を想定してゐた明治典範の草案たる『皇室制規』である。その第十三条では「女帝ノ夫ハ皇胤ニシテ臣籍ニ入リタル者ノ内皇統ニ近キ者ヲ迎フベシ」との規定があり、女帝と皇婿との血統的な同等性を求めてゐる。将来、皇室典範を改めるとして、かうした規定を設けることは現今の国情では甚だ困難としなければならないが、皇婿の出自に何らかの制限を設けることは検討されて然るべきと思はれる。

皇位継承の安定性とは

以上見てきたやうな問題点を充分に考慮せずして、史上に前例のない、しかも多くの問題を含んだ皇婿制度を安易に導入することが、果して有識者会議の目的たる「皇位継承の安定化」に繋がると簡単に断言してしまってもよいのだらうか。

実際問題としても、笠原英彦氏（『女帝誕生』）が指摘するやうに、皇婿たるべき方には人物識見はもとより、特定の利益から離れた政治的中立性、摂政就任の可否、宮中慣例の習得といった多くの制約が課せられようから、その選定条件は非常に厳しいことが予想される。未曽有のこと故、現段階において、我が国初の皇婿となるべき人物を想像することは難しく、畏れ多いことながら、女帝たるべき方が婚期を逸するといふ事態が生じないとも限らない。

有識者会議では、第十回会合の論点整理で示した二つの方策のうち、第十一回会合で「旧皇族の皇籍復帰」の方策のみを「安定性の面で非常に懸念が残る」ものとみなしたが、今回見てきたやうな「皇婿」の問題に関して充分な考慮がなされてゐない現段階において、何故「女性天皇に問題はない」(第十一回会合での一委員の言）と断言できるのか、甚だ不可解といはざるを得ない。

皇族の範囲や皇位の継承順位のこと以前に、議論すべき重要な課題はまだ多く残ってゐる。

自由民権結社嚶鳴社・島田三郎の「皇婿」論（『嚶鳴社討論筆記』抄）

且女帝の事に於ては、古来の慣習を引て今日の定例とすべからざる要件あり。何ぞや。女帝の配偶を置くの一事、即ち是なり。夫れ天地ありて人類あり、人類ありて男女あり、男女ありて夫婦あり、夫婦の道は古今上下の別なく、天理の自然にして、人情の至れる者なり。今より以後、憲法に於て女帝を立ることとせんか、其独処し玉ふことは、是れ天理人情の至極せるものにあらず。則ち余が我国女帝の古例は、之を今日の定制とす可らずと云ふ所以なり。然らば則ち欧西立君国の制に倣ひ、大婚の礼を行ふて皇婿を立られんか、如何なる人を至尊に配して其位置に適するとせん。欧西諸国は外国の皇親を奉迎するの例ありて、其便を得ると雖、我国は言語風俗より考ふるも、又上下の人情より考ふるも、欧西の皇族に論なく、支那の皇族と雖、亦我女帝と大婚を相為す可らざるは、吾人の認めて疑はざる所なり。然らば則ち我皇国内の人に皇婿を求めんか、是も亦甚だ不可なる者あり。夫れ皇帝の大位を尊崇し奉つり、人臣の得て近づく可らざる者とするは、君制国の第一主義なり。天に二日なく、国に二主なきは、是も亦君制国の第一主義なり。故に上御一人を除きては日本国人悉く臣民なり。臣民にして至尊に配侍することとあらば、其尊厳を損ぜざる無きを得んや。

或は云ん、理に因て推すに、男女固と尊卑の別なし、皇妃は人臣にして至尊に配す、皇婿人臣より出る、固より不可なることなしと。余は此説に同意する能はざるなり。何ぞや、政治は時勢人情を以て之が基本とせざる可らず。我国の現状、男を以て尊しとなし、之を女子の上に位せり。今皇婿を立て、憲法上女帝を第一尊位に置くも、通国の人情は制度を以て之を一朝に変ずる能はざる者なるが故に、女帝の上に一の尊位を占るの人あるが如き想を為すは、日本国人の得て免るる能はざる所なるべし。豈皇帝の尊厳を損ずることなきを得んや。且夫れ皇婿暗々裏に女帝を動かして、間接に政事に干渉するの弊なきを保つこと能はず。若し此あらんか、唯女帝の威徳を損ずるのみならず、併せて国家の福利を破るに至らんとす。

古来我国の女帝は登極の後、独処して至尊の位を占め玉ひしが故に、其威徳を損ずることあるなし。然りと雖、是れ道理人情に適する制度にあらずして、之を今日に行ふ可らず。泰西の諸国は、外国の皇族に結婚するの風習あり、且男女を区別して、尊卑の位置を定むること、我国人の如きにあらず。故に其尊厳に害なし。然りと雖も、外国との結婚は我国状の未だ適せざる者あり。是余が我国に於ては、仮令皇親の遠きに取るも、之を男統に限るを可とし、徒らに其近きに取りて女帝を立つ可らずと云ふ所以なり。

＊嚶鳴社でおこなはれた一連の討論筆記の一つ「女帝ヲ立ル可否」。『東京横浜毎日新聞』明治十五年三月十四日〜四月四日に九回に亙り掲載された。最後の四月四日には、女帝是か非かの決がとられたが、十六人中半々となった上、議長高橋庄右衛門の決により女帝を立つべからずといふ結論となった。ちなみに討論中、女帝否認は発議者の島田三郎はじめ益田克徳、沼間守一らで、認容は肥塚竜、草間時福、丸山名政、青木匡、波多野伝三郎らであった。なほ、明治十八、十九年頃、井上毅は伊藤博文宮相に提出した「謹具意見」において、この討論から女帝否定論者である島田三郎、沼間守一の意見を抄出して自身の見解を代弁させ「女帝廃止論」を展開してゐる。

諸外国の王位継承制度と皇室典範

平成十七年九月二十六日付

現行皇室典範のもととなった明治皇室典範は、わが国の文化や伝統を踏まへた上で、当時の国情、人情に照らし妥当なものを選び取るとともに、制定当時の先進諸国だった欧州各国の憲法や王室法にも通じる普遍性を有する法として制定された経緯を持ってゐる。

典範起草に当たった柳原前光や井上毅らが諸外国の憲法、王室法に関する資料を蒐集し、徹底した調査、研究をおこなったことは、既に先学の諸研究により相当程度明らかにされてゐる。

欧州などの諸外国王室の歴史と王位継承の現在の制度については、参議院憲法調査会で昨年十月に配布された『君主制に関する主要国の制度』や、本年五月の「皇室典範に関する有識者会議」(吉川弘之座長)第四回会合で提示された資料「諸外国における王位継承制度の例」に簡潔な整理がなされてゐる。

これらを踏まへ、今回は、明治皇室典範の形成過程にも触れつつ、欧州はじめ諸外国の王位継承制度について述べることで、読者の皇室典範改正問題に関する理解の一助になればと思ふ。

かつての王位継承法

約百二十年前の欧州の王位継承には、大別して、次の三種類があった(小林宏「『女性天皇』問題」『國學院大學日本文化研究所報』一六四)。

①男系男子限定――フランス、ベルギー、スウェーデン、イタリア、プロイセンなど。
②男子の継承資格者がある場合には、女子に継承を認めないが、男系が断絶した場合に限り女系に移ることを容認――ドイツ連邦各国、オーストリア、オランダなど。
③同親等間の兄弟姉妹では男子は女子に優先するが、本族中の女子は支族中の男子に優先――イギリス、スペイン、ポルトガルなど。
特に①は、フランク時代のゲルマン部族法の一つ『サリカ法典』(サリック法)第五十九章の五の規定「いかなる相続財産も婦女に帰属すべからず」に由来し、十四世紀には仏国で王女の王位継承を排除するための典拠とされ、当時の欧州各国でも影響力が大きかった(久保正幡『サリカ法典』参照)。柳原前光による典範草案でも第一条の欄外に、①に含まれる諸国の名が記され、男系男子限定の根拠をここに求めてゐたことがわかる。

さらには明治典範並びに現典範でも規定されてゐる直系・長系主義は、プリモゲニツール(長子相続法)を導入したもので、当時のドイツ諸邦に多く見られたものだった。当時の欧州各国の制度事情が、明治典範の制定過程に少なからぬ影響を及ぼしたことは否めない。

現今の王位継承制度

かつて男系男子限定の王位継承制度を採ってゐた欧州はじめ世界の多くの国々は、先の大戦後、次々に男子優先ながらも女王を容認していき、さらに一九七九(昭和五十四)年に国連で採択され八一年に発効した「女子差別撤廃条約」以降は、男女を問はない長子優先の王位継承制度へと改める傾向にある。

憲法あるいは王位継承法を改正した君主国としては、デンマーク（一九五三年改正、以下同じ）、スウェーデン（七九年）、オランダ（八三年）、ノルウェー（九〇年）、ベルギー（九一年）などが挙げられ、男子優先または長子優先の継承となってゐる。非改正の国にはヨルダンとイギリスがある。

男子のみの継承を主とするイスラムの君主国などを除く各国の現行制度を次に列挙する。

【男子のみの国】ヨルダン・カンボジア

【男子優先の国】デンマーク・イギリス・スペイン・モナコ・ルクセンブルク・リヒテンシュタイン・タイ

【長子優先の国】オランダ・ベルギー・ノルウェー・スウェーデン

このやうな潮流は、先の大戦以降、二十以上の王室が廃された事情があり、王室存続のためにはまず国民の幅広い支持を得ることが必須といふ状況に対する危機感の現れと思はれる。

さらには欧州各王室がここ三十年の間に相次いで法改正をおこなった理由として、「女子差別撤廃条約」が大きく影響を及ぼしてゐることは、長子優先となった国の法改正年が同条約以降に集中してゐることからも明らかである。

かうした動きとは逆に、男子優先のイギリスでは最近、男女を問はない長子優先の王位継承法改正法案が二度、議員立法で議会に提出されながら、それぞれ撤回、廃案となってゐる。ブレア政権が王制改革に慎重とはいへ、現段階のイギリスが必ずしも欧州各国の動きと連動してゐるわけではない点は聊か注目すべきことであらう。

典範制定といふ営為

我が国でも昭和六十年に「女子差別撤廃条約」を批准したことが一つの契機となって、性別による差別を禁止した現憲法第十四条に抵触するかどうかを含め、女帝可否の問題が議論となり、国会の場においても質疑がなされた。

だが、現典範で女帝を認めないことがこの条約に抵触するかどうかについては、既に政府は「皇位につく資格は基本的人権に含まれているものではないのでございまして、皇位継承資格が男系男子の皇族に限定されていても、女子の基本的人権を侵害されるということにはならない。したがって、本条約が撤廃の対象としている差別には該当しない」（六十年三月二十七日の参議院予算委員会・安倍晋太郎外相答弁）と明言してゐる。

わが国でも、本条約を根拠にしたジェンダー論から女性天皇を是認しようといふ考へ方もあるが、「皇室典範に関する有識者会議」においては、「ヨーロッパの王室の場合、

（王位継承法）の日欧比較

継承者の原則	直系に継承者がゐない場合	その他
年長者優先（男子のみ）	皇族の中で最も近い傍系の男子へ継承	皇統に属する男系男子のみ、直系優先で年長者優先、退位及び養子なし、永世皇族制
年長者優先（同一親等内では男子優先）	最も近い傍流に継承	プロテスタントに限る
年長者優先（性別不問）	王の親の子孫＝王の兄弟、またはその子供に継承	継承者は三親等以内
年長者優先（性別不問）	議会によって指名（議会の承認を要する）	指名がなされない場合「空位」となる
年長者優先（性別不問）	近親順に継承	胎児も王位継承権を有する
年長者優先（性別不問）	国会が摂政及び摂政代理を任命	キリスト教福音派信仰を持つ者に限る
年長者優先（同一親等内では男子優先）	国王の兄弟姉妹に継承（兄弟優先）	王位継承者は婚姻に王の同意を要する
年長者優先（同一親等内では男子優先）	年長者の家系優先で継承	全ての家系が消滅した時は国会が継承者任命

かつては王族間の政略結婚により大帝国を築くなどの歴史があるなど、我が国の皇室とは異なる歴史を持ち、その違いを十分に踏まえておくことが重要である」「憲法の男女平等を天皇の制度にあてはめる議論は無理であり、すべきでない」（ともに第四回会合）といふ立場を採ってゐることは確認しておいて良いだらう。

但し、明治期における皇室典範制定といふ営為そのものが、欧米列強との対峙から近代化の道を志向していく過程において、それまで皇室内の自律法として認識され「成文法化」することなど思ひもよらなかった皇位継承法に関しても、欧州各国と同様の「成文法」として検討せざるを得なかったことには深く思ひを致すべきであらう。

そのやうな中で、井上毅らが、外国の制度と同時に我が国の歴史・古制を徴しながら、「本来の性質（伝統法）」と「外来の性質（西欧法）」といふ両者の法文化の融合を試みつつ皇室典範を制定した歴史は、決して軽んじられてはならないのである。

現行における皇位継承法

国　名	継承法改正年	現天皇・国王	即位年	男子限定・優先規定	男系規定
日　本	1947	今上天皇	1989	○	○
イギリス	1701	エリザベス２世(女王)	1952	○	×
オランダ	1983	ベアトリックス（女王）	1980	×	×
ベルギー	1991	アルベール２世	1993	×	×
ノルウェー	1990	ハラルド５世	1991	×	×
スウェーデン	1979	カール16世グスタフ	1973	×	×
デンマーク	1953	マルグレーテ２世（女王）	1972	○	×
スペイン	1978	ファン・カルロス１世	1975	○	×

庶子の皇位継承の可否について

平成十七年十月十日付

検討されぬ庶子継承

昭和二十二年に制定された現行皇室典範は、明治の皇室典範とは法体系における位置付けが明らかに異なってをり、両者の間に法的連続性を認めることはできない。しかし、現行典範には皇位継承と摂政に関する事項を中心に、明治典範を踏襲してゐる点が多々あることもまた事実である。

周知のとほり、明治典範は皇位の継承に混乱・対立・不安定をもたらす要因を排除すべく、それまで不文・慣習法に頼ってゐた皇位継承を制度上、明確化することを意図したものであって、その制定に際しては、皇位の安定的継承はもちろんのこと、皇胤の繁栄による国費負担の増大といった点にまで腐心がされた。

そして、かかる明治典範の法意は、たとへ両者間の法的連続性が断ち切られてゐるとはいへ、関連諸規定が踏襲されたことによって現行典範に引き継がれたと見ることができる。となれば、明治典範と現行典範の相違点、わけても現行典範が初めて採用したところの「皇位継承資格、皇族の範囲を嫡男系嫡出に限るとしたこと」の意味は、より重要性を帯びることにならう。

「非嫡出子を皇族とすることは今日の国民意識に合はない」「現在の皇室の後世から見て必要はない」との理由から廃された庶子継承（非嫡出子による皇位継承）とそれを支へた「側室制度」

について、皇室典範に関する有識者会議は、「嫡出であることは国民の意識等から今後も維持することが適当」「側室は社会的に容認できない」と述べ、今後の検討から除外してゐる（「今後の検討に向けた論点の整理」）。

だが、「これまでの男系継承の維持の上で、非嫡出子による継承が大きな役割を果たしてきたことを考へれば、一時的に男系男子の皇位継承者が確保されたとしても、非嫡出子による継承がない限り、男系、男子の継承はいづれ難しくなる」といった主張は一定の説得力を有してゐる。ゆゑに「なぜ、女帝排斥・女帝不要を説く論者らが、庶子容認主義がもつ、この点のメリットを前面に押出そうとしていないのか」（奥平康弘東大名誉教授）といった皮肉めいた批判も存在するのである。

「一夫一婦制」の採用

明治典範の主たる起草者であった井上毅は、「謹具意見」の中で女帝制廃止を強く提唱する一方、女帝を立てない場合に懸念される皇統の断絶については、「皇胤ヲ繁栄ナラシムル為ニハ他ノ種々ノ方法アリテ、此ノ憂慮ヲ塞クニ充分ナルヘシ」と主張した。明治典範では、「皇子孫ノ皇位ヲ継承スルハ嫡出ヲ先ニス皇庶子孫ノ皇位ヲ継承スルハ皇嫡子孫皆在ラサルトキニ限ル」（第四条）と規定し、庶子による皇位継承が容認されたが、これこそが井上の念頭にあった「種々ノ方法」であったことは疑ひの入れぬところである（もう一つの柱としては「永世皇族制」が考へられてゐた）。

この点について『皇室典範義解』は、継体天皇の例を引いて皇統を維持するにやむを得ない措置だと説明するが（第四条の注釈）、奥平氏は庶子容認主義が採られた背景に、①日本社会全体に一夫一婦制の観念がなかった、②正妻以外の婦女子の生んだ男子が、跡継ぎの地位に就くことを許容する慣行・制度があった――ことを指摘し、「こうした社会にあって、皇位継承法が庶系主義を補助的に抱えもっていたことは、けっして特異でもなんでもなかった」と述べてゐる（『「万世一系」の研究』）。

事実、明治三年の新律綱領（我が国の律や江戸時代の刑律、唐・明・清の律を参照して制定）では、それまで事実上の関係として社会的に認められてゐた妾制度が法律上で公認されることになり（妾は妻と並んで夫の「二等親」とされ）、明治六年の改定律例でも同様に妾には妻と並ぶ身分が法定されてゐた。

しかし、妾の習俗を国法によって公認することに対し、欧米諸国の一夫一婦制事情に触れた有識者から批判の声が上がり（その最初は司法卿江藤新平、司法大輔福岡孝弟による明治五年十一月の正院宛伺ひ）、条約改正実現のため欧州各国の制度を範とした刑法・民法・訴訟法・商法等を制定する必要に迫られてゐた明治政府は、妾制度廃止の方向へと大きく舵をきる。

森有礼が「夫婦ノ交ハ人倫ノ大本ナリ。ソノ本立テ而シテ道行ハル、道行ハレハ、国始テ堅立ス」（「妻妾論」）と主張した如く、文明開化を推進する当時の啓蒙的知識人にとって、妾制度に代表される婚姻の乱れは単に家族といふ私的領域の問題に留まらず、国家を支へる家族の問題として強く意識されてゐたからである。

妾制度は明治十三年公布の刑法（十五年の施行）によって消滅することになるが、妾制度の廃止＝一夫一婦制の採用は皇位継承法の制定作業においても懸案とされ、明治政府は、西欧流の一夫一婦制を天皇の婚姻に採用することを標榜しつつ、皇統の断絶を避けるために皇庶子に皇位継承権を認めるといふ方針を採る。

その方針は、明治十一年の元老院起草の第二次国憲草案から明治典範の制定に至るまで一貫して変はることはなかったから、明治十三年の元老院における妾制度存廃論議に際して、「本朝ハ古来擅権ノ大臣ナキニアラスアラスト雖モ未タ神器ヲ覬覦スル者ナシ是畢竟皇胤ノ一系連綿タルニヨルニアラスヤ而シテ其一系連綿タル所以ハ即チ侍妃ノ制アルヲ以テナリ然ルニ妾ノ名ヲ廃セハ勢ヒ侍妃ノ制ヲ廃スルニ至ラン」（大給恒）と、皇位継承に絡めた廃妾反対論が展開されたのは必然のことだった。

皇室と国民の紐帯

かくして明治典範が採用した庶子継承と「側室制度」は、我が国の伝統と西欧近代思想を折衷した苦肉の策であったがために、明治政府は「欧州諸国王室の一夫一婦の制に照らせば側室制度を廃止するのが望ましいが、皇胤繁栄のため俄に廃止できないなら、隠れた存在といふ別格の地位でこれを待遇する」（明治二十一年、侍従藤波言忠の土方久元宮相宛意見書）といふ態度を基本とした。

帝室制度調査局総裁の伊藤博文が、「皇室誕生令」（明治三十五年制定、明治四十三年制定「皇

室親族令」の前身）の原案である「皇室誕育令」草案第十一条に、皇族の庶子認知の規定があったことに対し、「皇室ノ尊厳ヲ保ツ所以ニ非ズ」（『秘書類纂』）と強く反対したのは、かうした明治政府の姿勢を如実に示してゐるといへよう。

さて、明治三十三年の皇太子・嘉仁親王（大正天皇）の御成婚の後、第一皇子（昭和天皇）と第二皇子（秩父宮）の相次ぐ御誕生は、事実上の庶子継承と「側室制度」の廃止を揺るぎないものとした。さらに、昭和天皇は女官の通勤制など、後宮の改革を断行され、主体的に「側室制度」を拒否された。そして戦後制定の現行典範は規定上、皇族の範囲を嫡男系嫡出に限定することで庶子継承を廃したが、一夫一婦制の採用とそれにともなふ家族制度の変化は、皇位継承の在り方に少なからぬ影響を及ぼしたことは容易に理解されよう。

そして、有識者会議が今後の検討にあたっての基本的な視点の第一に「国民の理解と支持が得られるものであること」を挙げるのも、おそらく、この点にこそ女系天皇容認の結論を導くための最大根拠が存在するとの思ひが強いからにほかならない。

果たして、明治典範制定後、皇位継承の安定性といはば引き換へに庶子継承と「側室制度」が至極当然のやうに廃された事実は何を意味するのか。そのことへの真摯な問ひ掛けは、皇位継承を「天皇家の家督相続」といった視点でのみ論じることの危険性と同時に、皇室と国民の紐帯、皇位の源泉についての確認といふべき作業が、皇位継承といふ問題に直面してなされてきたことを教示してくれるはずである。

最後に、昭和二十一年の枢密院憲法改正草案審査委員会で、美濃部達吉が「皇室典範は一部国法なるも同時に皇室内部の法にすぎぬものあり。此の後者に天皇は発案権も御裁可権もないことはをかしい。普通の法律とは違ったものである。天皇が議会の議を経ておきめになることにせぬと困る」と述べたことを付記して、十一回に亙る本連載を終へることとしたい。

庶子の皇位継承に関する資料

・「刑法審査修正案」第三読会（『元老院会議筆記』前期第八巻）

○十五番大給恒廿九番ノ精神ニ賛成ス本官第一読会ニ方リ付托修正委員トナリ読テ本条ニ至リテ転タ感触ヲ生シ其後再三熟慮スルニテ妾ノ名ヲ存スルヲ可ナリト信セリ何トナレハ本朝ハ古来擅権ノ大臣ナキニアラスト雖モ未タ神器ヲ覬覦スル者ナシ是畢竟皇胤ノ一系連綿タルニヨルニアラスヤ而シテ其一系連綿タル所以ハ即チ侍妃ノ制アルヲ以テナリ然ルニ妾ノ名ヲ廃セハ勢ヒ侍妃ノ制ヲ廃スルニ至ラン刑典ハ上天子ヨリ下人民ニ至ルマテ遵守セサル可ラサルモノナリ若シ至尊ハ別物トナサハ甚タシキ害ヲ生ス可シ（中略）本朝未タ覬覦者ナキハ皇系ノ綿々タルヲ以テナリ其綿々タル者ハ妾ノ制アルカ故ノミ其目下妾ヲ廃セントスルハ国家ノ治安ヲ謀ラサルモノ、言ノミ

・伊藤博文「皇室誕育令ニ関スル意見書」（『秘書類纂 雑纂Ⅲ』）

皇族ノ子ノ誕生ニハ已に第七条ノ規定アリ、此ノ規定ヲ遵用スベカラザルモノハ断ジテ之ヲ認知スルコトヲ得ズ。従テ皇族ノ子ノ誕生ニハ已に第七条ノ規定アリ、此ノ規定ヲ遵用スベカラザルモノハ断ジテ之ヲ認知スルコトヲ得ズ。従テ皇族ハ皇位継承ノ順序ノ及ブベキ限内ニ在ルヲ以テ、普通法ノ所謂ル庶子認知ノ義ヲ参用スル能ハザルハ明白ナルモノトス。且本令ノ如キ大典ニシテ庶子認知等ノ事ヲ規定スルハ皇室ノ尊厳ヲ保ツ所以ニ非ズ、恐ラク失体タルヲ免カレザルナ

リ。故ニ庶子ニ関スル一切ノ規定ハ之ヲ不言ノ中ニ於テ無限ノ制裁ヲ存スルコトトシ、本条ハ削除セラレムコトヲ希望ス。

連載掲載紙面

第一回　皇位継承問題を考へるにあたって……………平成十七年七月　十一日付5面
第二回　新旧皇室典範の性格とその問題点…………平成十七年七月　十八日付5面
第三回　皇室典範における「女帝」否認の経緯……平成十七年七月二十五日付5面
第四回　歴代の皇位継承事情を考へる………………平成十七年八月　十五日付5面
第五回　皇室典範における「養子」の語……………平成十七年八月二十二日付5面
第六回　占領下における十一宮家の皇籍離脱………平成十七年八月二十九日付5面
第七回　皇族範囲の変遷と近代の宮家………………平成十七年九月　五　日付5面
第八回　「皇統」及び「万世一系」の語について…平成十七年九月　十二日付5面
第九回　女性天皇の「皇婿」問題について…………平成十七年九月　十九日付5面
第十回　諸外国の王位継承制度と皇室典範…………平成十七年九月二十六日付5面
最終回　庶子の皇位継承の可否について……………平成十七年十月　十　日付5面

鎮守の杜ブックレット3
皇室典範改正問題と神道人の課題

令和元年十月七日　第一版第一刷

発行所　株式会社神社新報社
東京都渋谷区代々木一―一―二
電話　〇三―三三七九―八二一一
FAX　〇三―三三七九―八二一三
印刷・製本　凸版印刷株式会社

ISBN978-4-908128-25-7